反骨のブッダ

インドによみがえる本来の仏教

❖高山龍智

コスモ21

カバーデザイン◆中村　聡

巻頭に寄せて

此の度、私の弟子・髙山龍智が一書を世に出すこととなった。

題して『反骨のブッダ』とは、じつに龍智らしい書名であるが、彼は日本において、多くのインド人仏教徒と共に、世界全人類の大導師ビームラーオ・アンベードカル菩薩の大慈大悲、人間解放の御教えを弘通せんと、高らかに法炬を掲げていると聞いている。

我らインドの仏教徒は、独立政府初代法務大臣にして憲法起草者、仏教改宗運動の大先達アンベードカル博士を「菩薩」とお呼び申し上げる。

「ボーディサットヴァ、バーバー・サーヘブ、アンベードカル」

日本の仏教徒、あるいは僧侶の中には、このことを知らない方のほうが多いようである。

しかし、インド社会の最下層に生まれ、数限りない差別と凄まじい抑圧を受けながらも、慈悲に基づく反骨の意志によって、一歩も怯むことなくそれに立ち向かい、人間平等を説くブッダの御教えを仏教発祥の地インドに復活せしめたその御方を菩薩と呼ばずして、何処に菩薩が居ろうか！　なんのための仏法か！

さて、龍智が此の書で語ることは、あくまで彼の領解である。言うなれば、地上を流れる幾多の川の、一筋に過ぎない。だが、あらゆる河川が海へ行き着くが如く、そんな彼をも漏らさず導くのが真如法性の大海である。そして、それはまた、龍智が日本で僧籍を置く浄土真宗の開祖、親鸞聖人の御教えにも通じると云えようか。

現代日本の善男善女がこの書を通じ、各々みずからがさらにブッダの大白法に耳を傾け、アンベードカル菩薩の大白道に目を開かれる機縁とならんことを、南天竺龍宮城より願っている。

佐々井秀嶺

巻頭に寄せて

反骨のブッダ……もくじ

第二章　フォーエバー、ハッピー、オンリーワンという勘違い

第三章　「無」は「三猿」ではない

第四章　三宝の本来の意味とは？

第五章

慈悲とは未来への希望

第六章

アンベードカル、そして親鸞

序章

今という時代の仏教

人は、言葉で思考する。

意識するとせざるとにかかわらず、慣れ親しんだ自国の語彙が、そして語順が、その人の立脚地となる。たとえば、こうして今述べている筆者も、本書を手にしてくださっている読者諸氏も、互いに共通する日本語の枠内で考えている。

かつて、さまざまな仏教経典が伝えられた当時の日本人も、それぞれの時代の日本語で思考し、経典に対して、確信に達するまで徹底的に読み込んでいった。しかも、日本の仏典の大半は、中国からもたらされたインドの原典からの漢訳だった。

そのためわが国では、漢文に翻訳された仏典のみを拠り所とし、それを和風に解釈した僧侶がほとんどだった。しかし、日本仏教各宗派の祖師方……最澄・空海・法然・栄西・親鸞・道元・日蓮・一遍……は、求道者の心眼を以て漢訳経巻の紙背、すなわち、遠くいにしえのインドのブッダの直説を聞き取った。

だが、現代の地球は狭い。翻訳の知識も、技術も、進んだ。インターネット上の自動翻訳を使えば、誰でも日本語で原典を読むことができる。さらに、欧米をはじめ海外における仏教研究の成果を即時に閲覧できるし、またたとえば、市販の仏教辞典の索引に紹介されているようなサンスクリット原語であれば、それと流れを同じくするヒンディー語を通じてスマートフォンの翻訳アプリを用い、和訳を試みることで、さらなる具体性を期すこともできるようになった。

他国語に習熟せずとも、テクノロジーの力を借りれば、世界中の文献を読める。この時代に生きる人たちは、同時に情報ソースすなわち原語の記述に対する知的欲求も高まっているのではないだろうか。

にもかかわらず、今日に至るまで多くの仏教宗派教団は、ややもすれば世俗的な権威組織に傾斜し、ともすれば宗派根性に引きこもり、あるいは衒学《げんがく》趣味に囚われて、閉じた世界のように見受けられる……。そう感じたことは、読者諸氏も少なからずあるのではないだろうか。あえていうなら、それは我宗《がしゅう》という我執《がしゅう》ではないのか。

＊　＊　＊

今日、日本には多くの外国人が居住している。日本人と同じ学校に入学、あるいは企業に就職し、私たちと同じように生活している。しかし、彼らの毎日は、悪戦苦闘の連続だ。言語、食事、習慣はもとより、心の拠り所である宗教が自国とは大きく異なった、そうした日本文化の中で、懸命に生きているのだ。もちろんその外国人の中には、仏教発祥の地・インドから来ている仏教徒もいる。

筆者は、在日インド人仏教徒と行動を共にする関係上、日頃から、仏教用語を原語から直接現代日本語に訳す機会が多い。この作業の中で、「もしかしたらこれは、今日の日本人、特に青年層へ届く言葉ではないのか」との考えに至り、はなはだ無謀は承知の上で、かかる一冊を世に出そうと志したのである。

日本語は、意味を表す漢字だけでなく、音を表わす仮名を併用する。インドは表音文字の文化だ。ならばむしろ、インドの原語から現代の日本語へ直接翻訳すれば、日印双方の言語感覚にすんなりと入っていける可能性もある。

人の世は、弱き者・小さき者たちの呻吟に満ちている。その中で、かりそめの力を得た者らが虚偽と幻影を振りまき、時には憎悪を煽り立て、現実の闇をさらなる漆黒で塗り潰して、人々の目に映らないようにしている。それは二六〇〇年前のインドも、今の世界も変わらない。

ブッダは、一人一人の悲しみに寄り添う連帯と共感（慈悲）により、偽りとまやかしに「反骨」の意志を示して立ち上がった。そしてその思いは、国と時代を越えて仏教徒の心に受け継がれ、今日まで生き続けていると筆者は信じたい。それが、本書表題の意味するところである。

第一章

原始仏教ではなく、「原語」仏教へ

仏典漢訳者、玄奘《げんじょう》や鳩摩羅什《くまらじゅう》の苦心

多くの仏典を漢訳した玄奘（602〜664）は、十数年に及ぶインド留学を経験し、現地人の僧侶に勝るとも劣らぬほどインドの諸言語に長けていた。その玄奘をしても、『般若心経』の「プラジュニャーパーラミター」という言葉を漢訳する際に悩んだ。表意文字である漢字を使う翻訳には、読み手が各自の既存概念を文字に反映するリスクが容易に想定できたからだ。意訳して「智慧の完成」とするか、それとも音韻だけを写すか。インド文化に長く親しんだ玄奘なるがゆえに、またその懊悩も深かったであろう。

さて、これを読者に身近な例でいうなら、たとえば「海」という字。ある人は荒波打ち寄せる日本海を思い浮かべるかもしれないし、またある人は陽光降り注ぐ太平洋をイメージするかもしれない。

このような概念の齟齬《そご》を避けるため、玄奘は、サンスクリット語「プラジュニャーパーラミター」をあえて訳さず、「般若波羅蜜多」という、意味を持たせない音写（当て字）を採用した。

玄奘に先立って、膨大な経典を漢訳した鳩摩羅什（クマーラジーヴァ。344～413。一説に350～409）。彼は西域・亀茲《きじ》国の人であり、漢人の玄奘が翻訳に際してより正確さを期したのに対し、より宗教芸術としての文学性を重視したようである。彼は漢訳の際、その「外国人」らしい感性も手伝ってか、漢語独特の音・韻を配慮していたことがわかる。一例として、羅什が翻訳した『仏説阿弥陀経』の一節を取り上げよう。日本仏教での読み方ではあるが、

「青色青光、黄色黄光、赤色赤光、白色白光」

これは、

「しょうしきしょうこう、おうしきおうこう、しゃくしきしゃっこう、びゃくしきびゃっこう」

と発音する。

ぜひ、読者諸氏もこの部分は音読を試みていただきたい。非常に気持ちよく発声できることだろう。

じつは、このように「音として心に響く・しみわたること」、また別の視点からいえば「情操で受けとめること」は、宗教とその信仰を理解するためには、文献をひもとくのとほぼ同等に重要なのである。いみじくも、日本の伝統的大衆芸能……謡い、浪曲、落語など……は、仏教の布教活動から生まれたものだった。

江戸庶民の仏教ジョーク

インドは表音文字の文化であり、中国は表意文字、そして日本は表音（仮名）と表意（漢字）の混合文化である。文字と言語の有り様が三国では異なっているわけだ。サンスクリット語の漢訳とは、表音の言語を表意の言語に翻訳することである。したがって、漢訳を経たことで、ブッダの言葉は、まったく違う言語体系のものになった。さらに、まったく異なる道教や儒教をベースとした文化を経由している。

どのくらいかけ離れた文化であるかといえば、もともと「佛（仏）」という漢字はなく、ブッダに「道」という字が当てられた時代もあった。インドで「叡智・覚者」を意味するブッダという概念を伝える際に、「佛」という漢字が作字されたのである。

さて、先にも触れた『般若心経』、その一節として知られる「色即是空」の「色」だが、これはサンスクリット語の「ルーパ（＝英語のshape）」に「形色（色）」という漢訳を充てたものである。今もインドには、美人に対する「ループ・キー・ラーニー」つまり、「王女のように姿が整っている・器量良し」といった褒め言葉がある。

人の視覚は、色彩によって対象を認識しているから、そういう意味では間違ってはいないだろうが、姿や見た目を「色」と漢訳されてしまったことで、日本の一部では、妙に艶かしい誤解まで生じさせる原因にもなってしまった。

漢訳に端を発する誤解について、もう一つ例を挙げよう。

『世の中は 東西南北あるものを 南が無いとは 釈迦も粗忽よ』

といった江戸時代の戯言がある。多少言い回しが違うものもあるようだが、要旨はいずれもサンスクリット語で帰依・崇敬を意味する「ナーマ」、その当て字に過ぎない「南無」を、漢文として読むことの頓珍漢を嗤ったものである。「般若波羅蜜多」と同じく、単なる音写であることを知った上で成り立つジョークであり、言い換えれば、江戸の町衆にはそのネタで「ウケる」ほどの仏教知識もあった、ということでもあろう。

ブッダの言葉が「自国語」のインド仏教徒

さて、現在日本国内には五十世帯を超えるインド人仏教徒が暮らしている。ご存じのように、インドの仏教は十三世紀初頭にイスラーム勢力の侵攻でいったん滅び、イギリスから独立後の一九五六年、初代法務大臣アンベードカル博士（1891〜1956）によって復活、その後、日本僧、佐々井秀嶺師（1935生。1987年インドに帰化）の活動によって、今日に到る。いうなれば、現代のインド仏教は「若い」宗教なのである。筆者は佐々井師の弟子であり、またいささかヒンディー語の心得もあることから、彼ら在日のインド仏教徒と行動を共にしている。

ところで、仏教経典を記述したパーリ語やサンスクリット語は、インドの公用語たるヒンディー語と流れを同じくする言語であり、インド人でも多少の学習は必要となるが、現代日本人が『枕草子』を理解するよりはずっと垣根が低いともいえる。

たとえば、「サンガ」という言葉。これはブッダ以前からあった言葉であり、「共同体」を意味する。今でもインドの日常会話で使われている言葉だ。ガンディーを暗殺した、ヒンドゥー教至上主義者の団体は、ＲＳＳという。最後のＳは、サンガの略だ。仏教とはまったく立場が異なる人たちも「団体」という意味合いで使うほど、一般的な語なのである。

この「サンガ」は、漢訳の際には、音は「僧伽」という漢字で示され、共同体の意味合いは「侶（パートナー）」という漢字で補った。「僧侶」とはすなわち「共同体」。本来、「お坊さん」という意味はないのである。

インド人仏教徒に

「バンテー（お坊さん）のことを日本語では何と言うのですか？」

と聞かれたことがある。筆者が「僧侶」であり語源は「サンガ」であることを伝えると、

「ええー？　サンガにはお坊さんという意味はないでしょう！」

と言われてしまった。

音に宿る原語の息吹

また、インドの言語文化でとりわけ重要なのが、言語の音韻。日本でも七五調で書かれたキャッチフレーズなどは耳に心地よく届くが、表音文字によって成り立つインドの言語においては、基本的に「音」自体が生命を持ち、一語一語の響きが意味を発する。ゆえに、現代のインド仏教徒も、原語を耳にし、また口にするとき、その音からブッダの息吹きを直接感じ取っているのだ。

無論、今日の彼らと二六〇〇年前のブッダでは、それぞれの時代背景がまったく異なる。しかし、その「言葉」が生きている風土は、同じインドなのである。

しかし、現に日本語学習中のインド人仏教徒が、もともと自国の言葉だった仏教語を現代の日本語に置き換えるとき、少なからず壁になっているのは他でもない、日本仏教の伝統的な用語解釈だった。先述した「サンガ」の例のように、「違う、この言葉はそんな意味じゃない」

と葛藤することの、なんと多いことか！

インド人は「信仰の民」。まして「イエス」「ノー」をはっきりと言うお国柄である。その彼らにしてみれば、どんな日本の習慣よりも、自分の故郷で生まれた懐かしい仏教が、まるで異質な文化に感じられてしまうのだ。

こうした経験から、筆者は在日インド人と仏教について語る際には漢訳語を介在させないほうが良いと思うようになった。

本書では、一般的に知られた仏教用語を挙げ、可能な限り《われわれと同じ地上を歩いていた、そのひと》の息遣いを再現していきたいと考えている。

とはいえ、原語の「音」を活字のみで解説することには、おのずと限界がある。本来の生き生きとした息吹が十分に伝えられないのではないか、といった忸怩《じくじ》たる思いもある。

しかし、それでもあえて試みるのは、ブッダが語ったこととは、当時のインドの名もない庶民が理解できたことだからだ。筆者は、読者の皆さんと共に、そこへ戻ろうと思う。

第二章

フォーエバー、ハッピー、オンリーワンという勘違い

第一節

無常は「なげき」ではない！

無常を怖れる日本人、無常に希望を見たインドの仏教徒

私たちは往々にして、あたかもJポップの歌詞のような「フォーエバー」「ハッピー」「オンリーワン」を良しとする価値観に、さしたる疑問も持たず生きている。

だがブッダは、「フォーエバーもハッピーもオンリーワンも偽りである」と説いた。

これが、仏教の思想として一般的に知られる「無常」「苦」「無我」だ。しかし、なぜブッダはそう言ったのか。


日本で語られている仏教では、日本的解釈による「無常」が説かれる。そして、日

本人は無常を恐怖する。

だが、ブッダの言葉をそのまま現代風に言い換えてみよう。

「永遠（フォーエバー）とは虚構である。その虚構を保つことで利を得る者達の嘘である。だから、永遠という嘘で誤魔化され泣かされている人々を、虚構から解き放とう」

それが『無常』の本来の意味である。それまでの常識とされてきた虚構に対して、「NO！」を突きつけたのである。

無常の日本的解釈といえば、平家物語の一節「祇園精舎の鐘の音《こえ》、諸行無常の響きあり」というような、情緒的な詠嘆だろう。また、日本語では音が同じであるために「無情」のニュアンスも加味されているかもしれない。

日常生活から、事例を探してみよう。たとえば、夫の出勤前に口喧嘩した、ある夫婦。毎朝のことだったが、仲直りをせぬまま夫が玄関を出た直後、自宅の前で車にはねられ即死。妻の気持ちたるや……。日本的解釈による無常とは、こうした「一寸先は闇」というような文脈で登場する。したがってその価値観は、「無常」という不安定な状態よりも、「恒常的な安定こそが大切」という発想になる。それが発展すれば、「大多数の、あるいは世間の恒常的な安定を得るためには、多少の不協和音は黙殺すべきだという同調圧力があっても致し方ない」と考える人も出てくるわけだ。

さて、ブッダの時代のインド人はどうだっただろう。

古典的なヒンドゥー教では、「恒常」を意味する「ニティヤ」が理想とされてきた。しかし、ヒンドゥー教徒のカースト下層の民衆にとっては、永遠の闇を意味した。

この世に無数に存在する差別や格差や矛盾の中で、ブッダがもっとも問題視したのは、カースト（階級）制度である。ヒンドゥー教には、ブラーミン（神官や知識階級）、クシャトリア（武士）、ヴァイシャ（商人などの町民）、シュードラ（上位三階級に奉仕する身分）の四姓があり、さらに三〇〇〇以上に細分化されたカーストごとに定められた職業がある。ブラーミンを敬い、供犠と献身を欠かさず、生まれながらの職業に生涯を捧げれば、恒常的幸福が得られるという思想に基づき、ヒンドゥー教では「ニティヤ（恒常）」という語はポジティブな意味で使われている。

しかしそれは、上位三階級までのことに限定されている。シュードラや、その下のチャンダーラ（いわゆる「不可触民《ふかしょくみん》」。パリヤー、ダスユなどとも称する）は、ただ上位階級に隷属・奉仕するのみ。輪廻転生はせず、虫けらのように「涌いてくる」ことが恒常、とされてきた。だからこそ、彼らは永遠の闇を断つ「無常」に希望を抱いたのである。

「ニティヤ」という語に、英語の un に該当する否定冠詞「ア」を付けると、正反対の「常ではない」「一時的」「変化する」という意味に変わる。ブッダは、「アニティヤ」すなわち無常という言葉で、「永遠はない」と否定したのだ。これは、差別されてきた人たちにとっては、大いなる変化への希望である。ブッダが語った「アニティヤ」とは、能動的かつポジティブな意味合いを持つ教えなのだ。

この、音韻があったからこそ、庶民の心に教えがストレートに伝わったであろうことは、想像に難くない。インドでは昔も今も、ここぞという場の決め台詞では、音韻を重視する。現代社会なら、ヒップホップのライム（歌詞）へのこだわりをイメージするとわかりやすいかもしれない。現代インドでもラップやヒップホップへの人気は高い。

音韻で畳み掛けるように、伝えたいイメージを相手の感覚に叩き込む。ブッダの言葉やその教えをヒンディー語で捉えてみると、ブッダの時代も同じだったろうと感じる。「ニティヤ」の語頭に否定冠詞を使うことで、「アニティヤ」の意味をポジティブに、そして力強く、訴えたのだろう。

「常」という同調圧力に対して抵抗すること、今風にいうと「あえてのＫＹ」な思想や行動こそが、本来ブッダが説いた「無常」である。永遠という虚像に惑わされた人々に対して、「全ては永遠のものではない」という観点で、虚像を一刀両断したのだ。

現代インドの仏教徒にとって、先に述べた通りパーリ語やサンスクリット語は「国語」の一部である。アニティヤも、原語の息吹そのままに、ブッダの大慈悲心に基づいた反骨と革新性をもって、じかに理解されるのである。

他方、ヒンドゥー教徒にとっては今も、アニティヤは自分の宗教を否定するある種の「禍々しい」言葉に他ならない。だからこそ、かつて十三世紀初頭にイスラームの侵攻によって仏教が滅亡に至った一因には、ヒンドゥー教徒がムスリムを使い長年かけて少しずつ仏教を迫害し、滅亡へと至らしめた面もあるのだ。

だが日本では、このもっとも重要な意味合い、「アニティヤとは社会矛盾へのアンチテーゼであること」、つまり変革の意思であり変化への希望であることが伝わっていない。ブッダの慈悲深い反骨の意思が、伝わっていないのである。

自然環境や地形の違いで生じた食い違い

こうした食い違いはいかにして起こったのか。

そもそも、風土の違いがある。それが、歴史に影響する。

日本は島国で、閉ざされた環境にあり、他国から侵攻された経験は大陸の諸国に比べてじつに少ない。一方、インドはアーリア人の侵略によってカースト制ができた国であり、自国他国問わず、絶えず他民族との抗争の歴史を積み重ねて来たばかりか、常に戦場であった国である。

こうした歴史の違いが、双方の死生観にも現われる。事例を挙げよう。

有名スポーツ選手が現役引退の会見を開くと、日本ではしばしば、「生まれ変わっても同じスポーツを選ぶか？」という質問が公の場で飛び出す。これは、来世も同じような人間、または自分が望むような人間に生まれ変われるという発想が前提となっている。

だがこれは、インドではありえない質問だ。ヒンドゥー教の輪廻思想は、前世の善行によって人間に生まれることができたと考える運命論だ。現世で生きているのは前世からの影響によるものと考えられ、生まれ変わることは自分では決められない。そして、これはカースト差別の根拠である。だからこそ、この運命論を仏教は否定した。死後もまた人間に生まれ変われる前提で、「if」を考える日本人は、ヒンドゥー教徒に比べて、随分と楽観的な死生観を持っている。

「散る桜、残る桜も散る桜」という死生観は、いわば「島国史観」の賜物だろう。

加えて、時間に対する感覚も、日本とインドではまったく異なる。日本では電車がほんの数分遅れただけでもクレームになり、車内アナウンスでも謝罪される。つまり、一分一秒が具体的な時間として存在している。めまぐるしく変わる季節が、日本人の時間感覚を、さらに細やかに、鋭敏に、しているのかもしれない。

その一方で、「永遠」は、抽象的な時間概念だ。Ｊポップで歌われる「永遠」が「ずっと」とほぼ同義語であるように、長くてもせいぜい自分の死までだろう。

だが、インドは０（ゼロ）の概念を発見した国である。さらにインドでは、年間を通して高温が続き、見渡す限りの砂地に覆われた土地も珍しくない。こうした厳しい自然環境が続く風土では、数の認識も時間認識も、「限りのなさ」つまり永遠性から発するのだろう。漢訳仏典に「恒河沙《ごうがしゃ》」（＝ガンジス川の砂の数）「不可思議《ふかしぎ》」（＝思ったり、議論したりすることが不可なほど大きい数）という表現があるように、数値に関しては大雑把であるし、何時何分といった時間の約束には今でも大変ずさんなところがある。

日本語では「昨日」「明日」、英語では「yesterday」「tomorrow」というべき時間を、ヒンディー語では同じく「今日ではない」を意味する「カル」という単語で示す。さらに、「明後日」と「一昨日」を示す言葉も、「明日や昨日よりも遠い日」を意味する「パルソーン」の一語で、結局は「今日ではない日」程度の意味しか持たない。つまり、今は輪廻の一点に過ぎないという、輪廻の思想に取り込まれてしまうのだ。

こうした風土の差異は、感覚の差異として如実に現われる。

すなわち、インド人は「恒常」に絶望するが、日本人は「無常」を恐怖する。「永遠」を基準とした時間感覚の中で、差別社会の底辺で生きている彼らが、この状態が永遠に続くと突きつけられた時、その絶望の度合いは、日本人の理解を超える凄まじいものがある。

在日インド人仏教徒が日本仏教に馴染めず、インド仏教を貫いているのも、日本人がこうした感覚のズレを認識していないからだろう。

社会矛盾へのアンチテーゼ

「アニティヤ（無常）」はカースト制度の「ニティヤ（恒常）」に対するアンチテーゼであったが、ブッダは単なる階級闘争ではなく、すべての虚偽に対して立ち向かった。

恒常の論理が支配と差別に利用されることは、洋の東西や時代を問わない。

かつて日本は「神洲不滅」というニティヤを掲げて戦争を起こし、大陸の人々を支配、差別した。また現代においても「美しい国ニッポン」、あるいは純粋日本人といった恒常不変な存在があるかの如く盲信し、排他独善に浸り、なかには在日外国人に対して罵詈雑言を浴びせる者すらいる。

恒常は、守旧を至上とし変化を拒む。まさしくそれ自体が権力の論理なのだ。だが、「安全神話」という言葉もあるくらい、安全・完全・万全は、それ自体が神話……よくできた作り話でしかない。

常ならざるものを恒常と偽るがゆえに起こる人間の苦悩、煩悶、それらの集合体としての社会矛盾。その元凶たるニティヤに対し、ブッダは大慈悲心に基づく反骨の精神を示し、アニティヤを説かれたのだと筆者は考える。

恒常という社会矛盾は、性差別の要因ともなる。

ヒンドゥー教において、女性の徳とは、男児を産むことである。カースト存続（家名存続）の最大の貢献となるからだ。反対に男児を生んでいないヒンドゥー教徒の寡婦は、それと判別できるよう無地の白いサリー（喪服）を着ることを強制され、村八分に等しい非人道的な扱いを受ける。それは現代インドでも依然として続いている。近年は宗教を超越した人権団体が、寡婦を精神的に解放するため、独自にヒンドゥーの祭りを開催するボランティアも行なっている。

差別の対象となっていた、こうした女性たちの解放運動を真っ先に行なったのが、ブッダの養母であるプラジャーパティであったといわれる。

諸説あるが、プラジャーパティは姉マーヤーの生んだ子シッダールタ（ブッダ）を、姉の死後に育てたとされる。マーヤーの夫（シッダールタの父、シュッドーダナ王）の死後、家庭に居場所がないプラジャーパティは、寡婦を集めてブッダの教団を訪れた。しかし、ブッダは弟子のアーナンダを通じて、女人禁制を伝えさせた。それに対し、プラジャーパティは反論した。

「私たち女性には、人間らしく生きる場所がない。聞けばシッダールタは、『人間は平等である』と日頃説いているというではないか。ならば、私たちも導くことが務めではないか」

アーナンダがプラジャーパティの言葉を取り次ぐと、最初ブッダは若い男性出家者の修行の妨げになると反論したが、アーナンダのとりなしもあり、ついに尼僧集団が誕生した。

女性差別といえば、インドやパキスタンなどでは現代でも、婚前・婚外交渉（強姦も含む）のあった女性は「家族全員の名誉を汚す」ものとみなされ、家族の名誉を守るために実の父親や男兄弟によって殺害される凶行が残る。ヒンドゥー教徒の場合には、異なる宗教やカーストの男女が恋愛関係になった場合、そのカップルを親族らが殺害するケースもある。一般に「名誉殺人」と呼称されるが、実際にはこれはれっきとした差別による殺人であり、現実を直視するためにも、不名誉殺人（ディスオーナーキリング）と称すべきものだ。

もちろん法律上は殺人罪に問われる。だが、固着した伝統的な価値観に基づき、警察も地域人も政治家も見て見ぬ振りをする。インドでの年間犠牲者は数百～千人に上るといわれる。

自由に恋愛すると、殺害される。法はあれども機能しない。この闇が永遠に続くとなれば、絶望以外の何物でもない。

闇ならばこそ、灯をともす

ヒンドゥー教のカーストによって定められた、このような「永遠の闇」を、現代の日本人が想像するには、あるいはブラック企業のイメージが近いのかもしれない。食事も睡眠も満足に取れないまま長時間拘束され、人格を否定されるような扱いを受け、思考を奪われた状態が延々と続き、追い詰められる。

ディスオーナーキリングも、一見、日本人からは縁遠い事件に思うかもしれないが、じつは身近に似たような社会問題は多数存在する。

たとえば、言うまでもないことだが、痴漢は卑劣な犯罪である。

しかし現実には、「痴漢は犯罪です」との標語がわざわざ駅に掲示されており、住宅街の一角には未だに、「暗い道では痴漢に注意」との立て看板すら存在する。これは「満員電車には痴漢がいる」「夜道には痴漢が出る」ことが異常ではなく常態となっていることを表わす。

それだけでない。時には「そんな格好をしているのが悪い」「隙を見せるからだ」などと被害者が中傷されるといった「セカンドレイプ」すらある。しかし、犯罪が自然現象のごとき常のことであって良いはずがない。犯罪被害に遭うのが当然であって良いはずがない。

当たり前になっているが本来はあってはならないことを、否定するのが、アニティヤ＝無常なのである。

しかし、路上でのひったくりには大声で、「泥棒！」と叫べる人でも、電車の中の痴漢に対しては、声を出せないことがある。一定の状態が保たれた場所で、場を乱すことには恐怖が伴う。あえて抵抗しなくても、自分が耐えることで場を乱さないほうがマシと考えてしまう。果たしてこれは、美徳だろうか？

インドで二十世紀に仏教を再興したアンベードカル博士は次のように書いている。

「仏教において、神に代わる中心的価値は、道徳である」

道徳を成し遂げられる心になることこそ仏教であると、原語でブッダの言葉を理解し得るアンドーベカル博士は核心を見たのだろう。同様に、現代インド仏教徒も、感覚的に本質を理解している。

第二節　苦は「ネガティブ思考」ではない！

「リア充」という幻想

一般的に「苦」という概念から「仏教はペシミズムの宗教だ」との誤解も生じているが、仏教における「苦」とは、決してネガティブ思考ではない。

ブッダが説いた「ドゥカ（苦）」とは、あるがままに世界を客観的に見るということであり、リアリティの視点である。

しかし、現代日本人が「苦」からイメージするのは、「ハッピーでスイートなリア充」の対義語として「アンハッピーで『塩』な非リア充」ではないだろうか。

そもそも、私たちが抱くハッピー&スイートのイメージとは、往々にしてふわふわとしていて、お花畑のようである。サラリーマンや主婦なら適度な年収と社会的地位があるとか、若者であれば流行のファッションをしているとか彼氏彼女がいるとかだろうし、子供ならば好きな遊びができ、好きなものが食べられる、などだろう。その時々の自分の欲するものが充足する状態、「エゴの充足」といった幻のようなものをハッピーと呼ぶ。いうなれば、フェイスブックに得々とアップされる写真そのもの。それぞれの実生活（リアル）におけるエゴが充実している状態をハッピーと考えているから、「リア充」なる概念が生まれ、また、羨望を集める。

実生活が変化すれば、充足すべきエゴも変化する。多くの場合は、エスカレートする。たとえば、子供の時には駄菓子を最高に美味しいと思っていたものが、大人になれば、デパートで買う高級スイーツになる。おもちゃの車が外車になる。飲酒、喫煙、ついにはドラッグなど、快楽刺激ですら、エスカレートしていくものではないだろうか。

一が二になり、二が四になり……と、充足すべきものをどんどんプラスしていけることがハッピーであるという発想は、本当に正しいのだろうか。本当にそれはプラスだけなのだろうか。

誰もがスマートフォンを持つようになり、幸福な時代になったものだ、便利だ楽だと思うかもしれないが、その分、どこにいても片時もスマホを手放すことができなくなった。現代人は、今やスマホの奴隷だ。それでもまだ、「リア充」を標榜し続けられるだろうか？

表裏一体の「スカ」と「ドゥカ」

インドで「ハッピー」を示す言葉はいくつかあるが、その代表的なものが「スカ」である。アンハッピーあるいはペインを表わす言葉はいくつかあるが、ブッダが「苦」として用いた語は「ドゥカ」である。表音文字から言葉の息吹を感じるインド人は、幸福のアンチテーゼであることを、音から直感的に理解できる。

では、幸福のアンチテーゼとは一体、何か。

人間は執着する生き物である。だから、幸福にも執着する。一を二に、一〇〇を一二〇にしようとするように、さらにさらにと幸福感で満たそうとすることが、むしろ際限のない幸福に執着することになっている。絶え間なく幸福を追求するというよりも、無制限の執着である。

スマホへの執着なら、代償の範囲は限られる。だが執着の対象が地位や名誉であったり、利己的な利益であったり、あるいは禁忌への欲求だったりしたら、そのために人と争ったり、騙したり、裏切ったり、時には法を犯したりすることに繋がってしまう。傷つけた代償に、栄光・名誉・金銭などへの欲がかりそめに満たされた気になっても、なおも執着は続き、エスカレートし、さらなる苦しみを生んでしまう。多くの人たちが幸福と思うものの代償条件に苦しみがあることを、ブッダは「スカ（楽）」と韻を踏み、「ドゥカ（苦）」であるとした。

表音文化のインドでは、私たちが「鬱」という文字に重苦しさを感じるのと同様に、「ドゥカ」という音に同じ重苦しさを感じる。読者の皆さんも「スカ」「ドゥカ」と、声に出して言ってみてほしい。難しく頭で考えなくとも、響きやリズムといったフィーリングで、

「そんなの幸せなんかじゃないよ」

と虚偽性を告発したブッダの慈悲の核心部分に迫れるのではないか。

スカとドゥカは表裏一体で、エゴを満たすことに執着すると、それはかならず誰かを苦しめる。私のスカは誰か（時には自分をも含む）のドゥカである。「苦＝ドゥカ」とは、リアリティの視点である。そんな苦しみはやめようという愛情である。スカが誰かの苦しみ、「生きづらさ」を代償として得られるものであってはならない。スイートドリームとしてのスカはあったとしても、エゴによって実行に移した途端にドゥカが生じるという、「リアルな視点」を持たなければ、意図せずしても人を傷つけると、ブッダは説く。

なぜブッダはそう考えるに至ったか。やはりここにもカースト制度があった。支配層のスカのため、ドゥカを一方的に押し付ける仕組みを見たブッダは、スカという虚構を暴くことで、押し付けられた側をドゥカから解き放った。

ブッダの語ったドゥカとは、スカの裏のドゥカを発見することだった。現代社会に照らし合わせても、自分たちのスカのためにドゥカを押し付けている事例は、私たちの周辺に嫌という程ある。スカを「ハッピー」だけではなく、都合や便宜にまで広げて考えると、どれだけのドゥカがスカの裏に存在することか。

企業でのセクシャルハラスメントで女性部下に告発された男性上司の多くは、「悪気はなかった」と言う。「犯罪」という重苦しい言葉ではなく、「セクハラ」という響きの軽い略語で表現されるため、それが部下のドゥカと気づくことなく、「エッチなジョークで笑わせた」くらいの感覚でいるのだろう。そこに部下のドゥカがあることに気づこうとする視点はない。しかし現代の常識では、反社会的行為であり罪である。

外国にルーツを持つ子供や若者たちに日本語教育や学習支援、就労支援を行なっているNGO関係者に聞いた話だ。日本の学校から親たちに配布される連絡書類を、外国人の母親は読めなくて困っているという。日本の父兄に当てたものをそのまま配布しているためだ。対面しての会話にはなんとかついていけるものの、細やかな意思の疎通には非常に不自由している。子供達も学校の授業についていける日本語力は不足している。これは、日本人の側が便宜（スカ）を一歩も譲らないがために、同じ人間である外国人の親や、外国ルーツの若い世代が立ち行かないようになっている一例だろう。

また、外国人留学生や労働者が不当に安い賃金で、悪条件の下に労働している事例も、長年絶えることがない。本書の執筆中にも、インド料理チェーンで賃金未払いのままインド人労働者が労働を強いられていた事件があった。

世のスカはドゥカを生み出している。だが、結局のところは、

「誰も得しないスカ」

を拡大再生産しなくても良いではないか。現実を直視して、慈悲を実践していこうよ、というブッダの愛情のことばが、「苦」なのである。

第三節

無我は「アイデンティティの放棄」ではない！

無我とは、自由、平等、平和

無我は、アイデンティティの放棄ではない。無我とは、自由である。

「自由」という言葉は、じつは仏教用語で、明治時代に「free」の訳語として充てられた。本来の「自由自在」という教えは、ブッダの臨終の言葉に出てくる。

ブッダの臨終に際して、弟子や信者たちは、

「先生を失ったら、我々はこの先、どのような指導者に従えばいいのだろうか⁉」

と嘆きのあまり、半ばパニックに陥ったという。その様子を見てブッダは、日頃説い

ていたことを、改めて弟子たちに伝えた。

「私がいなくなった後あなたたちは、他者に拠るのではなく、自らを拠り所としなさい。ダルマ（道理）を拠り所とし、他に拠ってはならない」

自身を由緒とし、自らに在る。すなわち、自由自在である。

このブッダの教えを一番理解していたのは、ブッダに先んじて亡くなった妻・ヤショーダラーでなかったか。

伝説によると、ヤショーダラーは、姑・プラジャーパティとともに出家し、ブッダの弟子となっていた。老いた彼女は死の際に、

「私は、私に帰依します」

と、言い残したといわれる。弟子の多くが、「ブッダン・サラナン・ガッチャーミ（帰依仏。ブッダに帰依します）」と唱えていたなかで、弟子たちの常識であった「帰依仏」とは異なる言葉をブッダの妻・ヤショーダラーは口にした。

自分は、自分自身に帰依する。これこそ、自らを由緒とし、自らに在るということである。そして、これこそが、「無我」の意味するところである。

現代よりも女性の自由が制限されていた時代のことである。経済的にも精神的にも、自立とはじつに程遠い。日本とて、精神的自立の権利といえる女性の参政権が認められたのは、戦後、一九四五年のことである。経済的自立を保証する男女雇用機会均等法の施行に至っては、一九八六年。わずか四十年前の日本ですら、女性とは父や夫といった男性の庇護下にあり、自立した女性は「進んでる女」だったのである。

ところがインドには、二六〇〇年も前に、かくなる精神的な自立を宣言した女性がいたのだ。

ブッダの教えは、女性の自立をも促していた。その革新性はいかほどのものだったか。

先述した通り、女性は身分差別の他に、性差別の対象ともなっていた。

インドでは現在でも、家系・血筋……いわゆる身分によってそれぞれに職業が定まっている。清掃員の仕事一つとっても、床を拭く者、窓を拭く者、外装を掃除する者はそれぞれ身分が異なり、しかもその身分は永久に固定されている。ヒンドゥー教の教義では、それは神が定めた仕事であり、その仕事を全うすれば解脱へ近づくとされる。

そもそも、カースト制の背景には、インドは異なる民族の集合体によって成り立つことがある。カーストの別名「ヴァルナ（肌の色の意味）」が示唆するように、白はブラーミン、赤（褐色）はクシャトリア、黄（赤よりも浅黒い色）はヴァイシャ、黒はシュードラを示す。氷河期にアーリア人が南下し、彼らよりも肌が浅黒い先住民ドラヴィダ人やモンゴロイドらを侵略し支配した。現代でも、デリーやムンバイのお金持ちよりも、カースト最下層から改宗したインド仏教徒には肌の浅黒い人が多い。

さらに、ヒンドゥー教では、女性は存在そのものが低位に見られている。カースト差別にさらなる女性差別が加わるのだ。これはあくまでも筆者の見解だが、ヒンドゥー教の女神像が多く作られ祀られているのは、支配者についた男の論理による自己弁護であるように思う。

そんな女性たちのフラストレーションの表出の一つが、女神と呼ばれた女盗賊である。日本でも自伝が出版されたので、彼女の生涯をご存知の方も多いことだろう。二〇〇一年に三十八歳で兇弾に倒れた彼女の名は、プーラン・デーヴィー。デーヴィーとは女神を意味する語で、インドでは女性に対する敬称として使われている。

ガンガー流域で船頭や荷物運びなどに従事する「マッラ」という被抑圧階級に生まれたプーランは、インドの弊習で児童婚をさせられる。インドの児童婚は、他の地域でもそうであるように、口減らしと労働力の確保の目的があったとはいえ、実際には人身売買に近い実態だった。

日本でいえば小学生の年齢のプーランの夫となったのは、二十才以上年の離れた男。性行為も含め数々の虐待を受けた彼女は、荒野に逃れて一人で成長し、山賊に拾われて、やがて愛する男・ヴィクラムと共に、裕福な上位階級を襲撃して盗品を下層民衆に与える義賊となった。

だが、裏切りによってヴィクラムは暗殺され、プーランは上位階級の村に連行されて男達から辱めを受ける結果となった。その復讐のために殺戮を繰り返す一方で、義賊として働いた彼女を、被差別民衆はいつしか「荒ぶる女神」として崇めるようになり、ついに彼女が警察に投降した時、民衆は
「プーラン・デーヴィー万歳！」

と歓呼したという。

収監後、十一年間投獄されたプーランは、人権団体による減刑嘆願運動によって出所。その間に自らに欠けていたのは教育だったことを知ったプーランは猛烈に勉強に励み、後に、児童婚の禁止を公約に、国会議員となった。

また、プーランは政界入りを目指した頃、ヒンドゥー教から仏教へ改宗している。その理由として、性差別に苦しんできた彼女だけに、男女平等という仏教の思想に心惹かれたのであろうといわれている。教育を受けていなかったプーランだったからこそ、わかりやすい言葉で語られた「自由」、そして「慈悲」が心胸に響いたのではないだろうか。

女性の自立と解放。貴族階級のヤショーダラーと、被差別階級の女盗賊プーランの、その一途な思いは、二六〇〇年の時を経て同じところへ繫がったのだ。

「霊我」という支配原理

ヒンドゥー教の身分構造は、侵略者が作った支配原理である。侵略支配は、優位に立つ自らの「我」を、非支配層に押し付けなければ成り立たない。その支配原理を不滅とするが故に、身分制度の根拠として、転生しても変わらない「アートマン」(aatman)つまり、「霊我《れいが》」という概念を設定した。大まかにいうと、ヒンドゥー教の教義では、「人間には不滅の魂＝霊我があり、それが輪廻転生する」としている。「下層カーストの庶民が転生できないのは、アートマンの穢れが原因だ」というのが、高カーストの言い分なのである。

加えてインドでは、ご存知の通り、多数の言語があり、ルピー札には英語、ヒンディー語の他に十五もの公用語が記されている。通貨にでさえ、それだけの言語を示さないと共通理解が成り立たない国なのである。こうした社会では、我を張らないと生きていけないという現状もある。インドでは生きるためのサヴァイバルツールの側面も有するのだ。

とはいえ、「霊我」「不滅の魂」が、侵略者の支配原理であることは間違いない。このような社会の現実を前にして、

「ヒンドゥー教では、アートマンの穢れ云々を階級制の根拠にしているようだが、果

たして本当にアートマンなるものは実在するのだろうか？」

とブッダは問いかけたのだ。そして不滅の霊我について、かように論破した。

「我などというものは、条件や環境が揃った結果の幻想、幻覚に過ぎません。それなのになぜ、身分と霊我は一体だ、などといえるのですか？」

ブッダは、全ての物事は、それを成立させる要素（因）と条件（縁）が仮に集合しただけで、固定的な実体は存在しない、とした。これこそが、「無我」が真に意味するところである。条件や環境などは変わるものだからこそ、人間はそうしたものに左右されることなく平等にある。ブッダは人間平等と恒久平和を目指す大慈悲心により、不滅の自我はないと断じたのである。

インドの「我」と日本の「我」

かたや日本では、同じような肌の色、同じような目の色、同じような髪の色、一つの日本語で同質な考え方を強いられるムラ社会の中にあるためか、予定調和を乱さないことが美徳とされている。インドでは「我」を張らなければ生き辛いことと同様に、日本では、「我」を張らないことが生きていく術となる。「空気を読め」という同調圧力が支配する世間では、如才なく生き延びるために、我を張らないことが求められるのだ。

また、日本では「公」の対語としての「私」があり、そうした「私」と「自我」が同一視されている節がある。例を挙げれば、「私立学校」という表現に使用する「プライベート」であるとか、「私心」という言葉が表わす「独善」であるとかだ。この同一視の結果、日本における「私」とは「私利私欲」に繋がるとされ、公共の福利に対立する概念になってしまっているのだ。

したがって「無我」についても、「無我夢中」「無我の境地」などの用例のように、公共の福利に反する「私」がない状態を示す。

さらに問題なのは、日本人が「無私」「滅私」という意味合いを、「無我」に持たせて使っていることだ。これは強者・権力者の側から見ると支配にとても都合が良い。日本の歴史上で、権力にもっとも都合よく使われたものが「滅私奉公」という標語だろう。まさに戦時中であれば「国家」という、現在のブラック企業であれば「会社」という公共に対して、「奉仕するためにアイデンティティを放棄せよ」とする言葉である。

日本的解釈の「無我」とセットになっている概念が、「寛容」である。寛容とはつまり、他者を許すことではなく、「我を張るな」ということに他ならない。

「我」はオンリーワンというアイデンティティの幻想

こうした日印の「我」の捉え方の違いは、「無我」の解釈に対して大きな影響を与えたことは間違いない。

ご存知の方もいるかもしれないが、こうしたジョークが「我」の捉え方の違いを象徴している。

「国際会議をうまくまとめるコツは、インド人を黙らせることと、日本人に発言させることだ」

ビジネスなどでインド人と関わった経験がある日本人が漏らす感想も同様で、「彼らは自己主張が激しい。とにかく我が強い」

ということを、しばしば耳にする。

つまるところインド人にとっては、彼らが会議で冗長に喋りまくる（長広舌な）のも、我を張りたがるのも、「絶対不滅のアートマンがあるから当然」という考え方なのだ。

それに対してブッダは、「無我（アナートマン＝否定冠詞のan＋aatman……続く語が母音であるため音便変化が生じてアナという発音になる）」を説いた。なお、anは英語の否定冠詞unに該当する。

インド憲法ではすでに否定されているカースト制度だが、現実にはカースト差別は未だに根強く残っている。インドにおけるカーストは大きく4つに分けられ、さらにその下に人類とは認められない「不可触民」が置かれたこと、奴隷や「不可触民」は救われない存在とされてきたことなどは先に述べた通りである。

この非人道的で馬鹿げた階級制を神学的に成り立たせているのが、他ならぬ「我」なのだ。

また、「我」を貫く考え方は優劣・勝敗を競う原因となり、嫉妬と憎悪を次々と生み出す。いみじくも、ヒンドゥー教の聖典として重視されている古代インドの叙事詩『マハー・バーラタ』の題名が意味するところは、「広大な戦場」である。故に筆者は、

「ブッダは人間平等と恒久平和を目指す大慈悲心により、不滅の自我はないと断じた」と記したのである。

自我は人間が作ったものであり、絶対のものではないとブッダは説いた。にもかかわらず、今から六十余年前、アンベードカル博士が法務大臣として憲法でカースト制度を撤廃するまで、「我」を根拠とするカースト制度は続いていた。日本の女性の精神的自立が、戦後の新憲法で「参政権」を与えられるまで妨げられていたことと同様に。

つまり、インドにおけるアートマン（我）は、アイデンティティを意味する自我とは異なり、自己愛に基づくアイデンティティ幻想なのである。

「オンリーワンとは幻想である」

とブッダは説いた。全てのものごとは、そうなる原因とそうならしめる環境――因と縁――があって、たまたまそのような状態になっているに過ぎない。それが解けてしまえば、オンリーワンは、たちどころに消失してしまうからだ。

自我とは、ある識別基準に則ったものであり、その識別基準が変われば自我も変わる。互いに影響し合うものは、一方が変じれば、他方も変じるのは当然の理である。たとえば、現代における性差の問題がある。男性／女性という二つの識別しかない場合では、いずれかに分けなければならないが、ＬＧＢＴ的視点に立てば、性はかぎりなくある。

我なるものが相互照射で生まれるものであるからこそ、自分が認めようと認めまいと、自分も因と縁の一部である。だからこそ、「我など無い」という教えは、単なる虚無主義とは、まったく異なる。因と縁に則って、次々と現われる自我の鎖を引きちぎっていくこと、これを仏教では無我というのだ。

自我を自己承認（エゴ）と勘違いしてはいないか

すでに繰り返し述べているように、ブッダの教えとは、庶民の生活の現実の苦しみがあり、その苦しみの根拠となっているヒンドゥー教の教義に対するアンチテーゼに始まっている。

然れども、仏教伝来の当初から「無我」「無常」「苦」を現状に対する解決ではなく一通りの教養として授けられた日本では、これらの教えが反骨に基づくものであることが伝わっていない。であるからこそ、私たちは改めて、「伝わり切らなかったもの」に思いを馳せなければならない。

そもそも、現代社会で我々が「自我」と考えているものとは何だろう?

最近は、「学んだ」「気づいた」とは言わず「学びを得た」や「気づきがあった」などとする言い方が流行している。これこそは、エゴに基づく手柄根性だと筆者は感じる。つまり、自分より優れたものから学ぶのではなく、「学び」というものを自分が得たという自己主体視点に巧みにすり替えている。背景にあるものは、自己承認欲求や他者よりも優位に立ちたいというマウンティングなどの理由から、「誰かに学ぶのではなく、自ら学びや気づきを得られる素敵な自分」をアピールする姿勢だ。

この自我やアイデンティティと錯覚される、自己承認欲求やマウンティングこそが、まさに自己保全の本能である。自分の承認欲求が為に他者を貶めることは、他者の苦（ドゥカ）を生み出すことに他ならない。

繰り返すが、無我とは、虚無主義ではなく、

「オンリーワン幻想から自由になろう」

という、自由への呼びかけなのである。

ある瞬間、鳥かごが開くように自由になったりはしない。不自由の鎖を引きずりながらも、少しずつ鎖をほどき、少しでも前進しようとしている状態が、自由なのである。

さて、前項の国際会議ジョークには、二種類の「我」が登場している。一つは激しく主張することで身を守ろうとする自我。そしてとりあえず主張しないことでその場をしのごうとする自我である。

私たち人間には、生存本能に次ぐ大きな欲求として、自我保全の欲求がある。そのこと自体は万人に共通した習性といえよう。しかし自我には、無意識的な狡知《こうち》も備わっている。時としてそれは神仏にやつし、楽園建設の名の下に、この世を地獄に変える。

今日、世界を見れば、レイシズムやヘイトの嵐が吹き荒れ、イスラーム教テロ組織の凶行やミャンマーの過激派仏教徒による人権抑圧なども起きている。米国では、大統領が相次ぐ人種差別発言によって自らの差別感情を露呈している。それらの根底にあるのは、正義や神仏を騙《かた》った自我（エゴ）ではないだろうか。

無我はレイシズムを打ち砕く

自我（エゴ）という苦は、差別主義（レイシズム）という病になり、今もなおこの世に蔓延している。

レイシズムは感染する。「自分は見下されている」という劣等感とちっぽけな優越感と嫉妬に付け入って、人々に蔓延していく。レイシズムという病を発生させ拡散させる源は支配層だが、主に感染するのは中間層だろう。温床は妬みや劣等感というエゴである。

妬みや劣等感は、「自己保全ができない、自己承認がされていない」という不満から発生する。だから、支配層からの圧力がかかり、自分が支配可能な層がある中間層に蔓延するのである。しかし、現在の階層は、偶然の原因と条件下によるものである。今の階層は、今の条件に限られており、それは常、永遠なるものではない。レイシストが考えている差別思想の拠り所の枠組みは常ではない（無常）し、レイシストが感じる幸せは、被差別層のドゥカ（苦）である。

このようなレイシズムが蔓延するのは、そもそも大枠でもっとも得をする支配者がいるからである。その例を挙げれば、尽きることはない。現代インドの例でいえば、一九九二年に起きた、バブリー・マスジット事件がその典型といえるだろう。ヒンドゥー教至上主義者が、すでにイスラーム化していたアヨーディヤ市に大集団で押し寄せ、ヒンドゥー教の寺を建てると宣言し、イスラーム教のモスク「バブリー・マスジット」を破壊したのだ。この時、もっとも暴れたのは町民階級の層であった。彼らには、「自分たちは見下されているから誰かを見下したい。それによって自己保全を図りたい」というコンプレックスがあった。そのコンプレックスを利用し、弱いものにさらに弱いものを叩かせる。これが支配層の効率的な支配の方法なのである。

視点を転じて日本のレイシズムの例を挙げよう。他国人に対するレイシストはしばしば、「日本はすごい」という言葉を使う。「日本もすごい」ではなく。

これは、決して日本を褒めているわけではなく、「すごくない国がある」というヘイトを一見キレイに見える言葉で言ったにすぎない。憎悪をむき出しにできない人間が、自分や自分の属する国や企業の格上げをすることで、間接的なヘイトをする構図である。

誰しも差別心はどこかしらに持っているものだと思う。子供の社会にですら、いじめはある。それが人間の弱さでもある。しかし、どんな理由をこじつけても、所詮は根拠のないお門違いの差別であり、結局は差別する側の自己満足に過ぎない。

また、最初から差別的な価値観を植え付けられていると、それを差別とは理解できず、「悪気はなかった」と開き直るのも自我である。これは、無意識的な狡知である。

こうした自我を通そうとすると、誰かを貶めることになる。自我と自我がぶつかると、戦争が起きる。

では、差別や戦争といった、エゴのぶつかり合いから抜け出すためにはどうしたら良いのか。それには、「これはエゴである」と気がつくことしかない。

漢訳で「諸法無我」と記されるブッダの教えは、サンスクリット語では「Sarva（サルヴァ：全ての）Dharma（ダルマ：道徳／宗教に）Anaatman（アナートマン：固定的実体はない）」となる。これをあえて今風に超訳するなら「どんな信条であろうとエゴの産物。そこをわきまえなさい」となるだろうか。

我を滅ぼしていこう、平等と平和の実現に向けて、道を歩いていこうという呼びかけこそが「無我」の真意である。

「エゴの産物である自我などいらない」と、ブッダは平等と平和を招く無我を説いたのだ。

アートマンに対し、アナートマンをぶつける。これは、社会、性、価値観、本質的自由（アイデンティティ）という、人間の尊厳を訴えるものだった。

基本的人権が成文化されたのは、イギリスの「マグナ・カルタ」（一二一五年）であるといわれている。また、それが人権宣言や憲法の形になったのは、十八世紀末の米国諸州憲法やフランス人権宣言（一七八九年）を待たねばならない。しかし、マグナ・カルタに先んじること一九〇〇年。ブッダは時代を超えて、人間愛に基づき、無常・苦・無我を説いたのである。

ブッダが説いたこと。これらを近代的人権論で表現すると、すなわち、「平等・博愛・自由」である。

第三章

「無」は「三猿」ではない

日本的理解の「無」とは

原語のニュアンスが誤解されている原因は、日本人が考える「無」が、ブッダそして現代のインド仏教徒が考える「無」とまったく別物だという点にあるのかもしれない。

日本人にとっての無とは、依存であり、現状維持であり、抽象化による逃避である。結論を先に伸ばしてベールで覆い隠し、「見ない・言わない・聞かない」の「無い」に逃げ込む。それが、日本人の「無」なのである。この、日本的理解の「無」が、基本的な勘違いにつながっているのかもしれない。

たとえば、無宗教という言葉がある。日本で考えられているここでの「無」が意味するところは、「否」つまりアンチやノーではなく、ポジションを持たないという状態である。「ニュートラル」というと聞こえが良く、一見自由かもしれないが、あくまでも枠組み内での猶予に過ぎない。広い目で見ると結局は、「保留」という先延ばしの状態に束縛されている、不自由な状態である。

ブッダは「ニティヤ（恒常）」や「アートマン（我）」を否定する際には、「否」を意味する「ア」もしくは音便変化の「アン」を用いた。これが漢訳仏典で「無」と示されたのは、その段階では「無」にも否定のニュアンスがあったからだろう。しかし、中国では道教でも「無」という概念を用いるため、ブッダの「否」と道教の「無」が混同されてしまったきらいがある。

かくして、今の日本で「無」は、否定ではなく「しない」という意味に引っ張られている。中国の言語や概念を経由したことで反骨の意味合いが失われてしまい、積極的な否定のニュアンスがまったく伝わらなくなったことは、惜しむべきことだと思う。

さらに言えば、漢訳仏教が定着した後に生じた誤解に加え、江戸時代以降の、日本社会独特の空気を読み、「ＮＯ」と言って角を立てるよりは、うやむやにすることを美徳とする日本社会での解釈により、「無」は本来のニュアンスからまったく逸脱し、むしろ正反対の意味に理解されがちである。

今の時代を生きる日本人は、「無」をどのように捉えているのか。ここで改めて考察することは、原語のニュアンスを理解し、誤解を解く上でも大いに役立ちそうだ。

仏教の「無」とは、ベールで覆い隠し、曖昧にすることではない

日本人は「無」とゼロをつなげて考える。一般に、ゼロを発明したのはインド人と言われている。数字のゼロの概念の元となっているのは、サンスクリット語の「シューニャター」である。

「シューニャター」を漢訳した語が「空」である。「空」の字は、洞穴の前に祭壇が置かれた状態をかたどっており、穴の中に何が潜んでいるのかわからぬまま、闇に対する畏敬の念から儀式を行なう様子を表わしているという。

したがって、「シューニャター」には当然、否定の意味はない。すなわち、ゼロは「無」ではない。空（sky）でもない。

にもかかわらず、全てを包み、全てに包まれる。この、数字の概念を超えた「ゼロ」が、日本では神秘的なイメージでとらえられ、日本人の考える「無」に反映されてい

るのだろう。得体の知れないものだから、なかったことにされてしまったのだ。

日本人が思う「無」とは、はっきりと自分なりの意見を出さずに、無というベールで覆ってしまうことでその場を収めようという感覚である。しかし、ブッダが語った「無（否）」とは、そのベールを引き剝がして、真実を白日のもとに晒すことなのである。

日本人に親しまれてきた『般若心経』には、このような一節がある。

「心無罣礙　無罣礙故　無有恐怖」

（心にとばりなく、とばりなきが故に、恐怖なし）

この、「心にとばりなく」というのが、原語のニュアンスでいう「無」である。

現代風に訳すると、

「無というベールで隠すから、恐怖するのである」

（知りたくないと言って隠すから恐怖し、でも知らないから余計に怖くなる。そして、いつまで経っても同じことを繰り返す）

となるだろうか。

この世に永遠などないことを知りたくないから、フォーエバーだと思っていたい。殊更にハッピーをいうのは、ハッピーでないことに薄々感づいているから。オンリーワンを賛美するのは、オンリーフンと信じなければ自我を見失ってしまうから。

だから、フォーエバー、ハッピー、オンリーワンを声高に歌う。幻想で真実を覆い隠していると気づきながらも、気づかないふりをして。


あるいは、「寝た子を起こす」という表現がある。辞書では、「一応おさまっている物事をことさら騒ぎたてて、またもつれさせる」と解説されている。この「一応」とは、なんと曲者であることか。「一応」という言葉に、真に解決したのではなく、表面的に波が立っていない状態にすぎないことが、明確に示されている。そして、この言葉が使われるシーンを思い出してほしい。それはほとんどの場合、面倒な問題が一旦棚上げされたときではないだろうか。特に日本では、差別に関わる問題で、しばしば使われていないだろうか。

「ノイジーマイノリティ」という言葉が意味するように、本来は多数派が自らを制すために用いるべき「寛容」を、少数派に強要しているのが日本社会のもっとも忌むべき「日本的無我」である。しかし、少数派だからこそ、声高に叫ばなければ、その声は届かないのだ。

一時期、公の発言では当然の道徳である「ポリティカル・コレクトネス（ポリコレ＝差別や偏見を含まない中立的な言葉づかい）」に対して、いわゆるドヤ顔で「ポリコレ疲れ」を言い出す者がいた。これとて、言うなれば他人の足を踏みつけながら「そんなに痛がることないだろう、あんたが苦痛を訴えるせいでこっちがヒトデナシみたいに思われるじゃないか。そういうの迷惑なんだよ、疲れるんだよ！」という言いがかりのようなものである。

「三猿」という処世術

こうした日本的な無を象徴的に表現しているものが、「三猿」つまり「見ざる、聞かざる、言わざる」であろう。これこそ、日本人が考える「無」ではないかと、筆者は思わずにはおれない。

「見ざる」「聞かざる」のニュアンスは、「見ていない」「聞いていない」という客観的事実よりも、「見えていない」「聞こえていない」という主観的判断を示すほうが近いだろう。見たかもしれない、聞いたかもしれない。しかし、見ても聞こえてもいないふりをするのである。

見ていても見ないふり、聞こえていても聞こえないふり。それは、子供の同調圧力によるいじめに顕著である。

日本の子供のいじめでは、「空気を読め」「皆と同じであれ」という同調圧力に屈しない子供を、数の力で屈服させたり、差別したりする。この時に用いられるのが、「シカト」である。存在を無視するので、嫌がらせや暴力行為が行なわれていても、「見えていない」し「聞こえてもいない」。シカトによって、直接手を下さなくても、いじめ行為に加担しているのである。積極的加担はしない、けれども消極的に加担する。これが、「見ざる・聞かざる」である。

「言わざる」もまた、じつに日本的だ。明確に発言して角を立てるよりも、雰囲気で察してくれというものだからである。

日本社会の同調圧力とは、ランキングに組み込まれ、同調せよというものである。押さえつけられない者、支配層の思うようにならない者を悪役にして、集団で村八分、つまり大人のシカトによって、嫌がらせをする。

このスタンスは、いじめしかり、痴漢しかり、ブラック企業しかり。三猿の処世術が土壌となっている。

では、この処世術はブッダの時代にはなかったのだろうか？　そんなことはない。インドもしかり。インド社会においてカーストの影響が今日まで続いているのは、「見ざる・聞かざる・言わざる」が機能していたからこそだ。

さらに筆者のうがった見方ではあるが、三猿の像で恐れを抱かずにおれないのは、猿たちが「行動」していないことである。自分の場所は高い木の上に確保して座り込んだ状態で、唯一行なっているのが、見ない、聞かない、言わないという行為なのである。

自分を守っているつもりで、高みの見物をしながら、消極的に加担している。いじめられたくない立場の者がいじめの尖兵となることを示している。

だからこそ、ブッダは、「無（否）」という言葉にメッセージを込めた。

「見よ！　聞け！　言え！」

いきなり「一〇〇点満点の正解」は出ない

ブッダは現状の不条理を否定するために、「ア」や「アン」という強い言葉を用いて、教えを説いた。では、いざ実践するにあたり、庶民たちにどう伝えていたのか。

「苦」について先述した通り、ブッダは、

「自分の楽が、誰かの苦であることを知れ」

と説いた。

これは、言い換えるなら「ブッダの教えに帰依したからといって、いきなり一〇〇点満点の正解が出せるわけではない」ということである。つまり「仏教徒になる」とは、新たな人生をスタートさせることであって、そこがゴールではない。

各々が、現状を取り巻く「とばり」を破る「自由（＝無我）」によって、歩き始めることなのだ。そしてそれは、のしかかる圧力を「平等（＝無常）」によってはねのけ、虚偽の幸福を見抜いていく「博愛（＝苦）」の道なのである。

これを具体的な実践論としたのが、次章で解説する「仏・法・僧」である。

しかし、世間ではある日、鳥籠の扉を開けて自由な空へ飛び出すかのように、突然一〇〇点満点の答え（＝悟り）を得られるという幻想が、まことしやかに語られている。この幻想に取り込まれてしまうと、新たな支配に騙されてしまう。それは、レイシズムであったり、霊感商法やカルト宗教であったりと、鳥籠の扉が開いても、隣の籠に移っただけだったというのが現実である。

一〇〇点を目指して歩いていく、それこそが、叡智に近づいていく道である。変身ヒーローのように一〇〇点の正解の悟りという完成形に一瞬で変身して、諸悪を一網打尽にすることはできないが、まず町内のゴミを拾うところから始めれば、少しずつ理想には近づく。それがブッダの教えではないだろうか。

現状に対する強い否定のニュアンスが失われているが為に、仏教はペシミズムの宗教と誤解もされている。

しかし、ブッダのスタート地点は、あくまでも現実を直視するリアリストである。目の前の世界に、差別や戦争がある、しかしそれは、仕方がないものではない。今日の現実において、三猿にならずに「ちゃんと見る」「ちゃんと聞く」。さすれば、現実世界の様相が見えるはずである。そして「声を上げる」。それが、現実の問題解決に直結する、唯一無二の行動ではないだろうか。

インド人の情緒表現

もう一点、日本人が陥りがちな誤解についてお話ししておきたい。

「日本人の情緒表現と、インド人の情緒表現は、まったく異なる」という点だ。ブッダの生まれた国の言語や情緒の感覚を理解することも、ブッダの息吹を感じる上で必要だと考えるからである。

経典には、「ブッダの説法に感動した天女が舞を披露し（歓喜踊躍《かんぎゆやく》）、弟子たちが徳をたたえて歌い出す（偈頌《げじゅ》）」と記されている。これはインド人おきまりの表現（演出）だ。

しばしば、「インドの映画は、唐突に歌って踊りだす」と言われる。しかしこれこそ、インドの人たちにとって、ごく自然な感情の表現である。

またたとえば、読者も、お坊さんの読経を聞いていて「同じような経文が繰り返されている」と勘付いた経験があると思う。じつはあれも、インド人の情緒表現の典型なのだ。第一章でも記したが、日本で読まれるお経はサンスクリット語からの漢訳であり、もとはインド人の表現法で綴られているのだ。インドの人々は、今日においても、自分の意見を強く主張したいとき、同じことを三回以上、繰り返して言う習慣がある。時には、あからさまな誇張すら交えて語るのである。日本人特有の、「目で語る」「背中で語る」という「察し」の感情表現とはまさに正反対。

であるから、伝説にも、スペクタクルな演出を求める。つまり、話を大げさに「盛る」。日本人の奥ゆかしい感情表現とは違い、誇張演出であるとわかった上で、大げさに表現された感情の起伏を楽しむ人たちなのだ。

当然、仏教の伝説にもこのような演出が多々用いられている。たとえば、「ブッダは生まれてすぐに七歩歩き、天と地を指差し『天上天下唯我独尊』と言った」という伝説は、読者もご存知のことだろう。

ある日、筆者は日本通のインド人の親友に対して、こんな疑問を口にしてみた。

「なんで君たちインド人は、ブッダが生まれてすぐに七歩歩いたという話を作ったんだい？」

すると、彼の答えはこうだった。

「どうして君ら日本人は、その話を真に受けるんだい？」

偉人のすごさを伝えるために、大げさな架空のエピソードを付け加えるのは、インド人にとって演出の常識。それをいちいち真に受けるほうが、常識外なのだ。

ブッダの時代、シャーキャ族が住むカピラヴァストゥは、現在のウッタル・プラデーシュ州にあたるコーシャラと現在のビハール州にあたるマガダという、二国の緩衝地帯にあった。

コーシャラもマガダも、ＥＵ一国に匹敵し得るほどの強大国家である。その二大国

が摩擦を繰り返す地域にあったカピラヴァストゥだから、実質的には宮殿を備えた一国ではなく、カピラ「砦」と周辺の領地であったろう。そこに住む少数部族の長の跡取りも、プリンスというより、「我らが部族の武家の長男」だった。となると、いわゆる「四門出遊」の話も演出だろう、とわかる。そもそもクシャトリア（武士）階級の職務は、戦争だからだ。伝説のように「成人するまで、老人も病人も死人も見たことがない」はずはない。

実際のブッダは、後世の異国の私たちが思い込んでいるよりも、ずっと市井の人に近いところにいたのではないか。そして、農家の主婦と井戸端で話すように、教えを説いていたのではないだろうか……。

しかし、そこは話を盛って語るのが、インドという国。

「シッダールタ王子生誕の際に、予言者の言葉を信じた父王は、お年寄りや傷病者、死体など現実の苦（ドゥカ）が王子の目に触れぬよう、国から追放した。だからブッダは成人するまで、死者を見たことがなかったのだ」

という現実にはありえないエピソードも、伝説に迫力を与えるのならば、「いい演出だね」と楽しむのである。

言葉の大げさな演出、これは、インド人の語りの「盛り文化」をよく物語っていると思う。別にインド人の悪口を言うわけでなく、彼らと親しく行動を共にする中で、そういう文化なのだと、日々実感している。そして、古のブッダも、こうした言語文化の彼らに理解できる言葉で、教えを説いていたのであろう。

第四章

三宝の本来の意味とは?

宗なり。はなはだ悪しきもの少なし。よく教えうるをもって従う。それ三宝に帰りまつらずば、何をもってか枉《ま》がれるを直さん。）

現代風に訳してみると、

「三宝とは究極の拠り所で、万国共通の叡智（大切にすべきこと）である。いかなる生まれの人であろうとも、この教えを尊ぶものである。甚だしい悪人はそういない。どんな者であってもよく教えれば、曲がったところを正し、善に導くことができる。そのためには三宝を拠り所としなければ、なんぞ導くことができようか」

となるだろうか。

仏、法、僧をサンスクリット語でいうと、「ブッダ」「ダルマ」「サンガ」となる。これはブッダ以前からあった言葉であり、今でもインドの日常会話で使われている言葉だ。

「仏宝」「法宝」「僧宝」。

しかし、日本の社会では漢訳によって、とりわけ「僧宝（サンガ）」の意味が誤解されてしまった。サンガの意味が原語で「共同体」であることは、第一章でも述べた通りである。

反骨と平和的闘争

狭義のサンガとは、仏教の教えを共有する人たちを意味するようになったが、現代インド人の耳には、当たり前に「共同体」という意味に聞こえる。社会奉仕グループや組合などの名称にも、「〇〇サンガ」などと使われている。

ある時、日本留学経験があり日本文化や日本語に堪能なインド人ヒンドゥー教徒の友人に、「日本人は、『サンガ』が共同体の意味であることを知らないのだよ」と言うと、彼は大きな目をさらに大きく見開いて、「何故？　聞いただけでわかるでしょう？」と驚いた。なぜならヒンディー語では、共同体を示す語は「サンガ」、団結を意味する語は「サングティ」、平和的闘争（英語ならstruggle）は「サンガルシュ」である。表音語を話すインド人の耳には、共同体も、団結も、平和的闘争も、一連の意味を持った言葉として聞こえるのだ。「サンガ」とは共同して闘争する仲間であると、彼らはごく自然に、そして当然に理解しているし、その反骨のニュアンスも存分に感じ取っている。だからこそ、
「一二〇〇年もの間、仏教を信仰し続けてきた日本人が、なぜこの繋がりを知らないのだろう？」
と疑問に思い、ブッダの教えにある大慈悲による反骨が伝わっていないことに首を傾げるのである。

だが、すでに何度も繰り返しているように、漢訳を経た瞬間から、「サンガ」という音が消え、音で感じる語義の繋がりも失われた。それればかりか、漢訳によって新たなニュアンスをも加えてしまった。

たとえば、「サンガルシュ」を筆者は「平和的闘争」と訳すが、これは葛藤、苦闘、闘志など、内なる闘争もひっくるめた、悪を打ち砕くための闘いである。日本では戦闘という言葉があるがために、同じ「たたかい」という訓を充ててしまったため混同されがちだが、暴力を伴う「戦」と、弱き己や社会悪に打ち克つための「闘」では意

味するものが異なる。現にヒンディー語では、「闘」には「サンガルシュ（英語であればstruggle）」、「戦」には「ユッド（英語であればwar）」という言葉を充てている。響きにおいても意味においても、似ても似つかぬ言葉なのである。

「サンガ」とは朋友のことでもある

サンガで意味する「共同体」をイメージしにくいのであれば、「朋友」という語を当てても、そう遠くはないだろう。インドのブッダ伝にも、次のようなエピソードがある。

ブッダの従兄、デーヴァ・ダッタは、将来を嘱望された優秀な少年だった。しかし、シッダールタ（ブッダ）の誕生により、それまでの人生が一転して、従弟と比較され続ける苦汁を嘗めた。

故あってブッダに弟子入りした後も憎悪は募り、たびたびの衝突を繰り返す。その結果、唯一の味方であった母にさえ、臨終の床で

「お前は何もわかっていない、シッダールタのようにはなれない」
との言葉を投げつけられたのだった。
それは、母の最期の愛情だった。だが、そうと気づかず
「たった一人の味方すら奪われた」
と錯乱したデーヴァ・ダッタは、ブッダに殺意を抱き、何度も暗殺を試みる。しかし
その都度失敗し、ついには自身が瀕死の重傷を負ってしまった。
ところが、そんなデーヴァを介抱したのはブッダであった。死の恐怖に脅えた弟子
は師に向かい、赦しを乞うように
「帰依仏」
と唱えた。しかしブッダは、デーヴァに対して、
「君が一番に帰依すべきは私ではありません。サンガです」
と言ったとされる。それまでの彼は、サンガの一員であろうとしなかったから、道理
がわからず身を滅ぼすことになった、とブッダは諭したのだろう。
その言葉を聞き、デーヴァ・ダッタは人生の最期の最期になってようやく、自分に
は心を許せる友（サンガ）がいないことに気づいたのだ。

サンガ（朋友）がいなければ、ダルマは身に沁みないのである。

階級によって分断された社会を融和するための「サンガ」

ブッダの時代のインドでは、共同体がカーストによって分断されていた。

ブッダはこの分断を融合するために、「無常」「苦」「無我」によって現状を強く否定するとともに、サンガというアンチをも突きつけたのではなかったか。

共同体の分断による弊害の例として、知識の占有がある。

カーストによって分断されたかつてのインド社会では、その傾向はより顕著であった。知識とは上位階級のものであり、下層の民衆には共有されないものだったからだ。

知識が上位階級に占有されると、世代間での情報の伝達も阻害される。階級を超えて、当然の事実だったことも、目の前からその事実が消えてしまえば、事実は知識ある者の間で伝えられ、知識なき者たちからは失われてしまう。

今でこそ観光資源となっている名だたる仏教遺跡も例外ではなかった。イスラーム勢力によって寺院が滅ぼされ、仏教徒がその寺院からいなくなってしまうと、寺院の存在そのものが忘れ去られてしまった。上位階級のヒンドゥー教徒にとっては、そのほうが都合良い。なので、わざわざ次世代に、仏教寺院の存在など伝達する必要はなかった。

そのため、寺院が埋まっているという情報も、後の住民に、まったく共有されなかった。イギリス植民地時代にガンダーラやサーンチー大塔の発掘などを行ない、インド考古学の開拓者として知られるイギリスの軍人・カニンガムに発見されるまで、砂に埋もれたままだったのである。

知識とは、現代風にいえば、「教育」である。教育が多くの貧困を救うように、知識や知恵が民衆に行き届けば、彼らは社会矛盾に気づくようになる。それは、階級社会にとって、甚だ不都合なことだ。

仏教のサンガがインド社会に与えた衝撃とは、階級打破を試みる共同体だった。ダルマを実践しブッダを目指すことは、階級で分断されないサンガという理想を実現することだったのだ。

三宝については、日本においては往往にして、法も僧もなくいきなり、「ブッダの教えはこうである」と語られる傾向が非常に強いように思う。しかし、その悟りに至るには道のり（法）があるとともに、平等や平和の実現がなければ何もならない。戦争があり周りでバタバタと人が死んでいたら、たった一人の平安は何も役に立たないからだ。だからこそ、サンガの皆で悟りへ至る道を歩むことが重要なのだ。

「僧法仏」であろう

「仏法僧」という語順から、一般的な印象として、三段階の順位のように思えるかもしれない。しかしこの三つは上中下の順位ではなく、互いに補完し合うものである。つまり、仏なくして法も僧もなく、法なくして仏も僧もない。当然、僧なくして法も仏もない。つまり、サンガを語ることはダルマ、ブッダを語ることでもあるのだ。

翻って、この三宝を現代日本で考える場合、あえて筆者は大胆に「僧法仏であろう」

と提案してみたい。

先述した通り、現代の日本で解釈されている漢訳仏教には、「サンガ」について誤解があり、共同体の意識がない。だが、ブッダの教えに戻れば、共同体において実践するからこそ、ダルマ・ブッダの意味がある。なぜならば、何かをなす際の窓口となるのは、一番身近なサンガだからである。

現実の差別や社会矛盾に対して、自らが属する身近なサンガに足をつけながら立ち向かっていく。それによってダルマに導かれ、ダルマによってブッダの後ろ姿が見えるのではないか。

まず社会的実践の経験の母体となる共同体があり、その共同体の軸になる思想、行動（道理）があり、その道理によって実現すべき目的が仏つまり悟りである。すなわち、ダルマとは悟りに至る道であり、サンガとはその道をともに歩む仲間たちであるので、そのどれか一つが抜けても成り立たない。これが筆者の考える「僧法仏」である。

ここで、ブッダという語に関しても、本来のニュアンスをお話ししておこう。

現代のインド的な言い回しとして
「ユッド　ヤー　ブッド」

というものがある。

直訳すると「戦争か叡智（ブッダ）か」。韻を踏むインドの言語文化に倣って英訳するならば「War or Wise」、現代日本語に意訳すると「剣かペンか」となるだろうか。

つまり、インド人にとって「ブッダ」という言葉は、仏様という聖なる存在というよりも、wise や knowledge、叡智の意味なのである。

また、「菩提」の原語はボーディで、ブッダ（叡智）の変化形である。


ちなみに、日本人に親しまれた「釈尊」というブッダの呼び名は、サンスクリット語のシャーキャ・ムニ・バガヴァット……現代語に訳せば「シャーキャ氏族出身の聖者で神のような人」との意味……に当て字の「釈迦牟仁」と翻訳の「世尊」を繋げた呼び方が元になっている。つまり、「釈迦牟仁世尊」の最初と最後の字で作った超略称。

当然のことながら、インド人にはまったく通じない。実際、私は在日インド仏教徒か

ら

「どうして日本の仏教徒はブッダをジャクソンと呼ぶんですか？」

と尋ねられたことがある。ジャクソンではなく釈尊であること、そして略称のいわれを説明すると、彼はこんな感想を述べた。

「日本の芸能人のニックネームと同じですね」

サンガにダルマがあり、ダルマはブッダによる

では、人は、サンガ＝共同体にどう参加していくべきなのか。ここでブッダが、サンガにダルマとブッダを組み合わせ、三宝にした理由が明らかになる。

共同体には、道理が必要である。道理が引っ込んでいる共同体をイメージしてほしい。それは完全なマッドシティではないか。そうならないために、道理を正すための叡智を使う。

ブッダはこのように言っている。

「私は救済者ではない。道を示す存在である」

ブッダ（叡智）とは目的地、ダルマ（道理）とは道程。そしてサンガ（共同体）とは、共に歩む人たちのことといえよう。


今、目の前にいる人を笑顔にできなくて、何故、世界平和が実現できると思うのか。世界にいる色々な立場の人を、互いに同じ人間として、同じ人類として受け入れられなくて、どうやって道徳や正義といった道理（ダルマ）を実践できようか。いわんや、最終目的であるブッダ（叡智、あるいは恒久平和と言い換えてもよいだろう）を実現できようか。

同じブッダを目指しダルマを掲げる友と手を携えて、現実の差別、社会矛盾に対して立ち向かっていく。そのことによってダルマを実践していく。その先に、叡智・平等・平和・自由の実現を見る。

そのことが三宝の今日的意味であると、筆者は考える。


ブッダとは叡智であって偶像化ではない。ダルマは道理であって、教条主義（ドグマ）ではない。サンガとは共同体であって、同調圧力ではない。それが、本書の趣旨である、インドの原語から直接日本語に訳した、三宝の理解である。

しかし、序章でも述べたことだが、日本の仏教の宗派は、江戸時代の幕府による人別帳（戸籍制度）に利用されたこともあって、それぞれの宗派の本尊（仏）を偶像化し、教義（法）を教条主義化し、教団（僧）を同調圧力とするきらいがあると、現代日本人は感じているのではないだろうか。

筆者があえて「僧法仏」を提言したのは、個々がみずからを拠り所として互いを尊重し合う、そのような共同体を提言したかったからだ。道理と叡智なき群れ、ダルマとブッダの伴わないサンガとは、ひたすら空気を読み合う相互依存関係に過ぎない。

誤解をしないでいただきたい。現代日本人が考える「共同体」は、ブッダの教えによるサンガとはまったく異なるものであることを、深く受け止めていただきたい。

現代日本人の共同体とサンガの違い

再び、十七条の憲法を題材とし、現代日本人が考える「共同体」の正体を暴こうと思う。

有名な「以和爲貴」(和を以て貴しとなし)という文言に続く言葉をご存知だろうか。じつは、「無忤爲宗」(さかふること無きを宗とせよ)と続く。序列や上下関係に逆らってはならないという意味である。冒頭の一句のみだけが取り上げられるので、漠然と良きもののように捉えがちだが、実際には「序列を乱さないための和」である。本書をお読みの方にはすでにおわかりの通り、これはもはや「三猿になれ」というようなもの。「篤く三宝を敬え」と言いながら、序列を作っている、支配の原理である。

これを「和」と捉えるのであれば、日本人は、共同体において波風を立てず、多数派に属していることを常に願っていると思わざるを得ない。さらにいえば、あろうことか、それを仏に向かって祈るのである。

日本では、少数派になって孤立することを恐れる人が多い。したがって、「多数派に同化することが一番の願い」とするような面がある。そうした日本人の願望を端的に表わすのが、「一億総中流」という言葉ではなかったか。

日本人が漠然と持つ宗教感覚は、「多数派の流れに乗りたい、従いたい」という祈りといっても良いかもしれない。

「病がよくなりますように」という願いすら、病によって共同体に迷惑をかけたくない（＝迷惑をかける少数派でありたくない）という動機が強い。なぜなら、「風邪ぐらいで仕事を休むな」という同調圧力に甘んじているからだ。無常、苦、無我の逆を求める要求の形態が、日本的な祈りなのである。

法とは祈りではない、行動である

法（ダルマ）の実践とは、一心に祈ることと勘違いされがちだが、祈りではない。行動である。

では、祈りとは何か。宗教とは何か。

「宗教」と呼ばれるものは、祈りというコインを入れれば成就が出てくる自動販売機に思われている。しかしそれは、真の祈りではない。祈りによって願いが聞き遂げられるなどというのは、宗教のあるべき姿ではない。

無心に手を合わせる。それが「祈り」というもののイメージであろう。だがそれは、本当に無我だろうか。祈りではなく、願望ではないだろうか。

自分の望みが叶わなかった時に使われる、「神も仏もあるものか」という嘆きの言い回しがある。これが日本人の多くに見られる宗教概念ではないかと筆者は考える。この嘆きには、「神や仏は自分の都合に合わせてくれるありがたいものである、そうでなければ何の神仏か」という気持ちが感じ取れるのだ。

これは日本に限ったことではなく、大概の人が宗教に求めてしまうものは、コンビニエンスな期待であろう。お賽銭を入れ、叶えてほしい夢（欲望、願望）のボタンを押す。しかし、これはシャーマニズムの頃からの期待であって、こうした都合の良い願望や欲望を叶えようとするのは迷いである、というところから仏教はスタートしている。

だからこそ、「南無」とは「御名において」という意味であり、願望の意味はない。自分がなすべき行動に対する誠意を示す言葉こそが祈りであり、その祈りをブッダの御名において誓うことが本来の「南無」であった。

また、言うまでもないことだが、「南無〇〇」と唱える行為は、ポイント（功徳？）を稼ぐことにはならない。たとえば、唱える回数や声の大きさでポイントを貯めたつもりになり、「これで自分は救われる」と悦に入るなら、それは、信仰にかこつけた単なるエゴである。そもそも功徳というポイントは、自分で判断できるものではなく、キャッシュバックされるものでもないのである。

「南無」が、仏の御名に行動を誓う言葉であるように、祈りとは、行動の原動力とすべきである。祈りを英語でいえば「pray」。この言葉は、「遊ぶ」「楽器を奏でる」「演じる」「努める」などを意味する「play」と音韻を共有する言葉である。

「Pray is Play」

この感覚は、洋の東西を問わず、祈りの本質を示すのかもしれない。

『梁塵秘抄《りょうじんひしょう》』のもっとも有名な一節「遊びをせんとや生まれけむ」。これらの「あそび」もまた、祈りの行動ではなかったかと筆者は考える。そうして人は祈り、そして行動してきたのではなかったか。

ゆとりがあることを「あそびがある」と表現するように、あそびとは自由を意味することもある。自らに帰依する、「自由自在」に通じる。だが、自由とは、日々の研鑽によって成り立つものである。研鑽なくして、遊びの道、playを極めることはできない。その道のりは、ブッダが言わんとしていた、叡智へ至る道、法（ダルマ）にも通じてくるのではないか。

日本では残念ながら、「あそび」のplayがマスゲームになってしまっている。その結果、マスゲームに参加しない、あるいは参加できないマイノリティがどんどん抑圧されている。

「仏法僧」に対する、大いなる誤解

ブッダが説いた教え「無常」「苦」「無我」を実践するためにあるものが、「三宝」である。

三宝とは、tri ratna（トリラトナ）、英語ではthe Triple Gem（またはthe Three Jewels）と訳する。すなわち、「仏（ブッダ）」「法（ダルマ）」「僧（サンガ）」をいう。

「三宝」と聞いて、日本で義務教育を受けた者であれば、聖徳太子の名とセットで覚えた「一曰、以和爲貴（第一条　和を以て貴しとなし）」で始まる道徳規範「十七条憲法」を思い出すかもしれない。この第二条として、三宝について次のように述べられている。

「二曰、篤敬三寶。々々者佛法僧也。則四生之終歸、萬國之禁宗。何世何人、非貴是法。人鮮尤惡。能敎従之。其不歸三寶、何以直枉。」

（二に曰く、篤く三宝を敬へ。三宝とは仏《ほとけ》・法《のり》・僧《ほうし》なり。則ち四生の終帰、万国の禁

しかし、playはもっと幅広い。演じること、奏でること、体を動かすこと。マスゲームを否定する、その人その人に合った、行動である。

日本の社会には、多数派に迎合し集団に合わせるマスゲームでポイント（功徳）が貯まる、と思っている人が多いのではないか。しかし、そんなものには実体がない。仮に、そこで貯められる何かがあるとすれば、功徳どころか、「お上の覚えがめでたい」というみじめな隷属ポイントに過ぎない。

しかし、ブッダがインド社会で掲げたのは、日本的「和」とは正反対の、「和だけを以て貴しとなさず、忤《さか》らうべきことに忤らうのを宗となせ」という反骨だった。

即物的なご利益を願う自販機宗教に対する信仰心が悪いとはいわない。だが、こうした信仰心を悪用するものは、必ず出てくる。カースト制度という支配のために、ヒンドゥーという宗教が利用されてきたように。

それに対してブッダがしたこととは、「それでは全ての問題は解決しない」と虚偽を暴くことだった。ブッダは説いた。

「問題や悩みがあれば、自分で解決できる人になればいい」

その問題を解決する叡智こそが、三宝の「仏」なのだ。

真の賢人はサンガにいる

ブッダが自らを「道を示す者」と称したように、真の賢人とは世捨て人や隠遁者《いんとん》、遁世の人ではなく、サンガにいる。ブッダ・ダルマ・サンガを三宝とする仏教の教えは、村はずれの洞窟に住む隠者や、丘の上の変人の言葉ではないのだ。

だが、日本人がダルマやサンガなしに僧や仏教に求めているイメージは、世捨て人や隠遁者、たとえば西行のような存在になってしまう。人の世に距離を置き、「願わくば、花の下にて春死なん　その如月の望月のころ」などと完璧なビジュアルロケーションを考えた上で死を考え、「フォエバー　ハッピーオンリーワン」を歌うとは、本来のブッダ・ダルマ・サンガからなんとかけ離れていることだろうか！

今の「原始仏教」ブームの背景には、西行のような世捨て人やミニマリストをファ

ッション的に語るようなブームがあるのではないだろうか。現実世界で生きている人たちにとっては、ファッションミニマリストは、丘の上の変人を気取っているだけに過ぎないのではないか。しかし世捨て人も、面倒を見てくれる街中の庶民がいなければ、人里離れて生きてはいけない。世を捨てることすらできない民衆が汗水垂らして働いて得た喜捨によって、安穏に生きているのではないか。

さらに三宝を現代的に言うと、「仏＝したいこと、法＝しなければならないこと、僧＝できること」となるのではないかと筆者は考える。

したいことだけを主張し、しなければならないことをせず、やりもしないことをできると思うのが、人間というものだ。だからこそ、したいこと・しなければならないことのために、できることを一つひとつ成し遂げていかねばならぬと、自らを戒めなければならないのだ。

第五章

慈悲とは未来への希望

慈悲はサンガの実践面

真の賢人たるブッダは、サンガの友たちに具体的な行動として、何を伝えたのか。それこそが「慈悲の実践」である。

慈悲という言葉は、サンスクリット語で「マイトリー・カルーナー」という。マイトリーとはfriendship（友情）、カルーナーはcompassion（同情）の意味である。friendship & compassion、いわば、連帯と共感といった日本語になるだろう。伝統的にも、慈は与楽、悲は抜苦を意味として充てて解釈している。

確かに、compassionとは共に（com）苦しむこと（passion）を語源とする。幸せな笑顔の横で共に喜ぶことは易いが、悲しみの淵にいる人の隣で共に悲しみそこからその人を笑顔にすることは難しい。そうした「同情」や「共感」の一面を「悲」と捉えたのかもしれない。たとえば、時に母親は、転んで膝を擦りむいて泣く幼子に、「痛いの痛いの飛んで行け、あ、お母さんのところに痛いのが飛んで来た、アイタタタ」と言って、痛みを忘れさせようとする。その心が「悲」という漢字に込められているようにも思える。

二〇一五年四月二十五日、ネパールを襲った大地震の惨禍。被害は国境を接するインド・中国にも及び、その後の余震も含め、死者は八五〇〇人を超え、負傷者二万人以上、被災者の数は推定八〇〇万人ともいわれている（二〇一五年五月のデータより）。

かかる大災害に、当時のインド政府から発せられたメッセージこそ、「マイトリー」そして「カルーナー」だった。

地震発生の直後からインド軍が開始した救援活動の作戦名は「Operation MAITRI（慈）」。続いて、同年五月四日の仏誕祭（陰暦の花祭り）に於いてインド首相ナレンドラ・モディ氏はブッダ生誕の地たる隣国ネパールの震災に言及し、「かくのごとき困難の時、果たして一体、いずこよりカルーナー（悲）の声は聞こえて来るのでありましょうか？　その答えは、ブッダであります！」と演説した。

このように「マイトリー・カルーナー」もまた、現在のインドに活きている言葉である。

しかし、「慈悲」という言葉には、日本ではかつての封建社会の影響か、「お代官様、お慈悲を」というテレビや映画の時代劇のセリフ、「慈悲を垂れる」や「お慈悲を賜う」といったような、上から下への誤った印象がまとわりついているようである。

誤解されずに使われていない例でも、「慈悲深い」という言葉に「愛情豊か」という意味を込めるようなケースが多く、連帯や共感という面は乏しい。

これは、日本では、漢字からの発想による解釈によるところが大きいだろう。

慈は家族のために一生懸命働く父親のイメージ。悲は、刑事ドラマで犯人に向けられる交渉の言葉「お母さんは泣いているぞ！」のようなイメージが託され、父母の愛情の性質の違いになぞらえて説明されたりもする。

しかし、そもそもの意味に立ち返ると、「マイトリー・カルーナー」とは、完全にフラットな人間関係（サンガ）においてこそ成り立つ「連帯と共感」。いうなれば、一般大衆の草の根である。それこそが、慈悲の慈悲たる所以――。決して、下賜される「強者の余裕」ではない。

また、マイトリーとカルーナーは、互いがもう一方のニュアンスを含み、相即不離の響きを湛《たた》えている。慈といえば悲、連帯といえば共感、と。

「連帯と共感」というと堅苦しいが、慈悲を本来の意味に従って現代の日本語に置き換えるのであれば、もっともフィットするのは、「友愛」という言葉ではないかと筆者は考える。

ブッダの祖国インドでの、慈悲なる体験

さて、筆者の経験で恐縮だが、慈悲とはこういうことだったのか、と感じた出来事についてお話ししたいと思う。

私は、一九九二年以来、インドでブッダの足跡を訪ねる旅を始め、その過程でヒン

ディー語も学んだ。やがてインド中央部ナグプール市で、仏教最高指導者として下層民衆の精神の救済にあたっている佐々井秀嶺師に巡り会い、宗派の壁を超えて師父と仰ぐようになった。初めて師を訪ねた二〇〇三年以来、毎年渡印して師父の手伝いをするほか、日本では在日インド人仏教徒と行動を共にしている。

まだ、インドの佐々井師の元に入門したばかりの頃のことである。

ある朝、佐々井師に呼ばれ居室を訪ねると、このように言われた。

「私が昔から世話になっているご婦人が病に臥せっておるのだが、危篤になったとの知らせがあった。すぐに駆けつけたいのだが、私にはどうしても先に済ませなければならない用事がある。だが、一刻も早く、おばあさんや家族を安心させたいのだ。だから、今からお前が行って、私の到着まで代わりに祈って差し上げてはくれないか」

すぐさま私は支度を整え、案内役に付き従って、おばあさんの家へ駆けつけた。

到着したおばあさんの家は、道路から一段低く作られており、しかも、明かりとりの窓がない、粗末な小屋である。その様で、一目でインドのいわゆる「不可触民」の家とわかった。これは今も続くカースト差別のせいだ。道を歩く上位カーストの目に触れてはならぬと、姿を隠すことを強いられているのである。

薄暗い室内に入った。床などない。三和土に直に座って生活しているのである。その片隅に、「チャルパイ」というハンモックに四本足をつけたような簡易な寝台が置かれており、枕元に家族が固まっていた。目をこらすと、着古した木綿のサリーにくるまって、枯れ枝のようにやせ細ったおばあさんが横たわっていた。

私の姿を認めて、家族が寝台の傍に場所を作ってくれた。そこに膝を寄せ、おばあさんの顔を覗き込むと、すでに半ば瞳孔が開いており、息も絶えなんとしている。私は袈裟の端を、押し込むようにしておばあさんの手に握らせ、ヒンディー語で「もうすぐササイ・ジー（佐々井さん）がくるから」と囁いた。そのインド式の袈裟は、師父自身がかつて身につけていたものを授けてくれたものだった。

パーリ語で読経を始めた。

私は、ブッダの国の仏教徒の臨終に立ち会うという初めての経験に、背中にびっしょりと脂汗をかくほど緊張していた。だから、読み終えた経に次いで口から思わず飛び出したのが、念仏だったのも、無理のないことだったろうと思う。やはり自分にとって一番深く染み込んでいたのは、三十年近く籍をおく、浄土真宗の念仏だったのである。

「南無阿弥陀仏」、インドでは「ナモーアミターバ」と発音する。サンスクリット語で唱えれば、老婆や家族にも、意味が通じるであろうという気持ちもあった。

念仏を繰り返し唱え、ようよう心が鎮まってきた。暗がりに慣れてきた私の目に入ったのは、おばあさんの枕元の薄暗い壁に掛けられた掛軸だった。古ぼけて変色しているが、漢字で「南無妙法蓮華経」と記されていることから、日蓮宗の「お曼荼羅」だとわかる。五十年前、佐々井師は真言宗の修行者としてインドに渡り、その初期は日本山妙法寺の布教者として、ナグプールの民衆に法華題目を弘めていた。おばあさんにとってこのお曼荼羅は、若き日に出会った佐々井師の情熱そのものであり、師のあとについて自分も一緒にお題目を唱えた青春の思い出だったにちがいない。

「これで良いのか。南無妙法蓮華経を唱えられない自分で良いのか」

葛藤したが、やはり、お題目を唱えようという気持ちになれなかった。恥ずかしい話だが、日本宗派の意識が残っていたのだ。ましてやブッダの国の信徒を看取るという時に、内面からこみ上げてくる言葉でなければ不誠実ではないか、という気持ちもあった。

師はまだ到着しない。

私はなおも念仏を唱え続けた。ふと、何かの気配を感じる。

袈裟だ。袈裟の端を引っ張られた気がしたのだ。

ハッ！　とおばあさんの顔を見ると、開き掛けた瞳孔に光が戻っていた。黒い瞳は、私の目の奥をじっと見据えているようである。

（ナンミョーホーレンゲーキョーを唱えてください）

無言の訴えに、私の中で何かが弾け飛んだ。

「ブッダの国へ来て仏教徒のおばあさんの臨終に際しても、日本の宗派意識に囚われている自分は、なんて小さく、くだらない人間なのだろう！」

生まれて初めての唱題だった。

「南無妙法蓮華経、南無妙法蓮華経、南無妙法蓮華経……」

おばあさんは私の唱題を聴きながら、「ササイ・ジー」の到着を待っていた。

何度唱えたかわからない。どのくらいの時が過ぎたのかもわからない。やがて、佐々井師が到着し、私は席を退いた。師は、家族と同じように土間に坐すと、経を読み出した。

しばし遅れて医師が到着し、診察が始まったため、師と私は、邪魔をしないように小屋を出た。暗がりに慣れた私の目を、陽光が射る。家族や近所の人々も、ササイ・ジーを見送るために戸外へ出て来た。

突然のことだった。

「トゥッ、パーガル！！！」（馬鹿野郎）

師が私をヒンディー語で罵倒し始めた。

「どうせお前は私がいないと思って、いい加減に読経していたんだろう！　そうに決まっている。この大馬鹿野郎！」

何が起こったのかわからず、呆然としてしまった。ところが、これに反応したのは、おばあさんの家族たちだった。敬愛する佐々井師に向かって、口々に、強い口調で言った。

「とんでもない！　このバンテー・ジー（お坊さん）は一所懸命お祈りしてくれましたよ！！」

私をかばってくれたのだ。

「うるさい！」

佐々井師はその言葉をはねつけた。タイミング良く、そこへ迎えの車が来た。

「いいから早く乗れ」

師は、呆気にとられたままの私を無理やり車に引っ張り込むと、車を出させた。

小屋が小さくなったところで、打って変わった優しい口調の日本語で、師は言った。

「ご苦労さんだったな」

悲しみのさなかにありながら、真剣に私をかばってくれた「不可触民」仏教徒。最初から全てを見抜いた上で、庶民が私を受け入れるかどうかを見守っていた佐々井師。この人間的なつながりこそ、サンガの中に生きている慈悲の心こそが、ダルマなのだ。理屈ではない、慈悲というものはこういうものだったと感じた、私の個人的な体験である。

ササイ・ジーが、政府の高官をも勤めた「スーレイ・ササイ」であることは、ナグプールの仏教徒たちも当然よく知っている。しかし彼らにとっては、雲の上の人ではなく、我が家に来て、泣き笑いを共にしてくれるお坊さんである。

ありし日のブッダも、そのような存在だったのではないか。

慈悲とはすなわち希望である

インドの最貧困層の仏教徒との関わりで私が痛感したのは、「慈悲の心を柱として生きていく」ということが、ブッダの示した道（ダルマ）であるということだ。

では、私たちは「慈悲」をどのように実践すべきか。

その答えは、「友愛」を名とする菩薩にある。マイトリー（friendship）の変化形、「マイトレーヤ」の名を持つ菩薩。すなわち、弥勒菩薩である。

仏教では、弥勒菩薩は、釈迦如来入滅後の地上に現われ、一切の衆生を済度するとされる。その約束の時は、五十六億七千万年後。

この「神話」から、何を読み取るべきなのか。

現実の社会に目を向けてみよう。宗教紛争、民族対立、経済格差、多数派強者による少数派弱者への抑圧。これら時代の現状は、「共感力」の放棄、といえはしまいか。

しかもこの惨憺《さんたん》たる社会に救世主が現われるのは、五十六億七千万年も先のことだという。これは太陽系の寿命すら超えてしまう。言うなれば、「期待するだけ無駄な、遠すぎる未来」である。こんな遠い未来に友愛の名を持つ救世主（ネクストブッダ）

「弥勒」の登場が設定されているのは、

《救世主を待つな。その時代々々を生きる人々が、それぞれの「今」の中で、友愛を実践せよ》

というメッセージなのではないだろうか。連帯と共感、すなわち「友愛」こそが、未来への道標なのだ、と。

世界では、フレンドシップを断ち切ろうとしている人間が、いとまなく登場し続ける。

このような現実の人間社会に未来の希望があるとしたら、連帯・共感の弥勒（友愛）を実践の道とするしかないだろう。

「人類同士が隣の人との友愛によって自ら救済されよ」

ということ。それこそが未来の希望であり、真の救済であるというのが、仏教のメッセージなのではないかと、筆者は考えるのである。

第五章　慈悲とは未来への希望

第六章

アンベードカル、そして親鸞

現代インド仏教徒、その決意

「ジャイ・ビーム」

それが現代インド仏教徒の合言葉だ。「こんにちは」「さようなら」「がんばろう」など、日常生活のあらゆる場面で発せられる、いわば仏教徒のあいさつである。一般に、インド人の挨拶として「ナマステ」が知られているが、現代の仏教徒は、この「ジャイ・ビーム」を唱える。

「ジャイ」の意味は「万歳」「勝利あれ」、「ビーム」とはインドに仏教を復活させた偉人、ビームラーオ・アンベードカル博士のファーストネームを指す。

端的に訳すと、「アンベードカル万歳」となる。だが、誤解してほしくない。そこに、アンベードカルの神格化や個人崇拝の意味などは、一切ない。まして、呪文の類いなどではない。

では、なぜ彼らは「ジャイ・ビーム」をあいさつとするのか。

現代のインド仏教徒には、かつてヒンドゥー教社会で文字どおり虫けら同然に扱われたダリット（被抑圧階級）、いわゆる「不可触民」からの改宗者が多い。彼らにとってアンベードカルは、自分たちが人間に戻れる道を示してくれた先生、師匠である。つまり「ジャイ・ビーム」とは、

「我らは、ビームラーオ先生の子」
「我らは、アンベードカル博士が牽引《けんいん》した『解放のキャラバン』を継ぐ者」
「さあ、一緒に頑張ろう！」

という、仏教の道を歩む共同体の、日々の誓いなのである。

また、現代インド仏教徒は、アンベードカルをサンスクリット語で「ボーディサットトゥヴァ」、すなわち「菩薩」と呼ぶ。「菩薩」といえば観音像が思い浮かぶような、現代の日本人の耳には奇異に聞こえるかもしれない。しかし彼らにとって、サンスクリット語は自国語である。当然のことながら、本来の「悟りを目指す者・理想の修行者」の意味で理解しているのだ。

彼らにとって「ボーディサットヴァ」とは、たとえば「常不軽菩薩《じょうふきょうぼさつ》」（あらゆる人々

を敬って礼拝し続けた修行者）や、「常啼菩薩《じょうたいぼさつ》」（すべての人の苦しみを受けとめて泣き続けた修行者）などと同じような存在だ。その系譜に連なる一人として、アンベードカルは「ボーディサットヴァ」と慕われているのである。

「ジャイ・ビーム」とは、そのアンベードカルの跡を継いで前進しよう、という確固たる意志表明の言葉なのだ。

仏教滅亡の歴史

十三世紀初頭、インドの仏教は滅亡した。

ブッダの滅後、およそ百年が過ぎた頃、いわゆる「根本分裂」が起き、仏教教団は上座部と大衆部に分かれた。後者は新たな経典を作り、教義が多様化した。その一方で、弱き者や小さき者の呻吟に応える本来の息吹きは枯れ、その隙間を埋めるように、各地で土着の神々や呪術を取り入れた。そして通俗的な需要への迎合をはかり、その結果、多数派勢力たるヒンドゥー教との違いが不明瞭になっていった。

古代インド社会のヒンドゥー教徒の視点に立つと、そもそものブッダの教えは、カーストを否定して無常・苦・無我を説く、「獅子身中の虫《しししんちゅう》」ともいうべき警戒の対象であった。しかし、徐々に仏教徒自身がそのオリジナリティを見失ったことで、いつしか異端の少数派集団となっていった。

八世紀頃、仏教が徐々に弱体化していきつつある中で始まったのが、イスラーム勢力のインド進入である。十二世紀、北インドに定着したデリー・スルターン王朝は、経済の仕組みや地主制と一体だったヒンドゥー教と正面から事を構えようとはせず、旧来の信仰と習慣を容認するかたちで、政治的な安定を優先した。

カーストの上位階級は、そのままヒンドゥー教の信仰を守り続けたことだろう。しかし、アッラーの下での人間平等を説くイスラームが、仏教に代わる新たな「福音」として、カースト制度の下で喘ぐインド民衆に受け入れられたことは想像に難くない。

こうして、すでに民衆の支持を失いつつあった仏教は追い込まれて行き、さらにはイスラーム軍による徹底的な破壊と殺戮の結果、ブッダの国から仏教は消えた。

この構図を、今日的なマイノリティとマジョリティという視点で考えると、仏教の滅亡から学ぶことは決して少なくない、と筆者は考える。それに関した事柄については、すでに記しているのであえて繰り返さない。

つまり、いかに平等を説こうとも、マイノリティである限りは、その声は不平等によって利を得るマジョリティに黙殺される。多数派はあくまでも、アグレッシブな少数派が他の弱体化した少数派を滅ぼすのを傍観するのみ、である。

いつの世も、いずこの国においても、閉塞した社会の中で「異端」とされた少数派は、数の力に乗じた保身者によって、都合の良い「身代わり」にされるのだ。

インド仏教の復活

仏教復活、それには七百年もの時を待たねばならなかった。

一九五六年十月十四日。場所はインド中央部ナグプール市の広場。

各地から続々と集結した被抑圧階級の人々、その数はおよそ三十万人にも上った。彼ら全員の視線は、壇上に立つひとりの人物に注がれていた。ビームラーオ・アンベードカル博士である。

彼は、ヒンドゥー教社会においてもっとも蔑まれた最下層階級、いわゆる「不可触民」として生を受けた。その差別は現代日本人の想像を絶し、「見てはいけない、触れてはいけない、声を聞いてもいけない、影を踏んだだけでも穢れる」とまで忌み嫌われた。床屋など利用者の肌に直接触れるような店や、役所など各階層の人が多く出入りする場所には、原則的に、近付くことも禁じられた。

喉が渇いても、公共の井戸は使わせてもらえなかったため、得るには、水を汲みに来た上位カーストの者が気まぐれに恵んでくれるのを、じっと待つほかなかった。これは、灼熱のインドでは、殺人に等しい虐待である。耐え難い渇きから仕方なく汚水を口にして、死んでしまったとしても、「人間」として弔われることはなかった。

そんな社会の中で、アンベードカルの父は「学問こそが生き抜く武器」と、息子をあえて上位カーストの子弟が通う学校へ入れた。当然のことながら同級生による差別は日常であり、また教師は机と椅子さえ与えてくれず、授業中の質問も一切禁じられた。

ビームラーオ・アンベードカル博士(1891～1956)

あるとき、「この問題が解けた子は、前に出て黒板に書きなさい」と教師が言うので、誰より優秀だったアンベードカルが真っ先に手を挙げると、同級生たちがいっせいに騒ぎ出した。

「先生！　黒板のそばには僕らのお弁当箱が置いてあります。穢れて食べられなくなります！」

教師は、何事もなかったかのように、他の子を指名した。

このように陰惨な差別と抑圧を受けながらも、ひたすら勉学に励んだ彼は、やがてその努力が認められ、奨学金を得て、米英に留学。法学、経済学をはじめとするさまざまな分野の学問を修め、海外で高い評価を得たのちにインドへ戻り、階級差別撤廃運動に着手したのだ。

社会のどん底で人生をあきらめきっていた民衆に向けて、アンベードカル博士はこう言った。

「皆さんは、無力ではありません。ただ、地に伏すことに慣らされてきただけなのです。さあ、私と一緒に立ち上がりましょう！」

その声は、虐げられた人々の心に火を点けた。自分たちもれっきとした人間だったのだ、と……。

こうして最下層民衆から圧倒的な支持を集めながら、さらに、社会改革と差別解放の思想的支柱として、人間平等を説くブッダの教えに深く傾倒していった。ブッダの言葉、

「みずからを拠り所とし、他に拠るな。ダルマを拠り所とし、他に拠るな」

に基づき、このように語った。

「皆さん一人一人が、自助、自立、そして自己尊重すること。奇蹟や超人を期待しないでください。すべてはそこから始まります」

一九四七年のインド独立に際しては、ネルー首相から初代法務大臣に任じられ、そしてついに、正義・自由・平等・友愛を四本柱としてあらゆる差別を禁じた、現行インド憲法を作り上げた。また、今日私たちが目にするインド国旗――その中央には仏教のシンボル「法輪」が描かれている――やインドの国章――これはアショーカ王の獅子像だ――を制定したのもアンベードカルであった。

しかし憲法の発布後も、旧態然たる社会のありさまは、法律の力だけでは変わらな

かった。その様を見るにつけ、アンベードカルは、制度改革を確かなものとするには精神の改革が不可欠、と改めて実感したのだった。そして、以前にも増して、ブッダの教えに対する思いを強くし、やがては、「仏教復興なくて人間復興なし」との確信を抱くに到った。

その日、大群衆を前に、アンベードカル博士みずからがヒンドゥー教から仏教への改宗を表明した。

会場を埋め尽くした被差別民衆からは、地鳴りのような大歓声が巻き起こった。

「私は今、新たに誕生しました。私と共に仏教徒になる人は、ご起立ください」

呼び掛けに応え、約三十万の群衆が、黙って立ち上がった。

ブッダの国に仏教が復活した瞬間であった。

自由と解放、その絶唱

かくして現代によみがえったインド仏教。その基本理念は、改宗者が高らかに唱え

る全二十二箇条の「誓いの言葉」に結晶している。アンベードカル博士が制定したこの誓言は、まさに自由と解放の絶唱である。以下に、そのいくつかを紹介しよう。（筆者訳）

一　私は、世界創造神ブラフマー、維持神ヴィシュヌ、破壊神シヴァを信じません。それらに祈ることもいたしません。

＊　＊　＊

三　私は、牛や象を神格化しません。土着の神々や女神たち、災いをなすという邪神や悪霊の類いを信じません。それらに祈ることもいたしません。

＊　＊　＊

七　私は、ブッダの教えとその原則に反した行動はいたしません。

＊　＊　＊

九　私は、人間の平等を信じます。

十　私は、人間社会に平等を確立するよう努めます。

＊　＊　＊

十八　私は、仏教の三原則すなわち知性・慎み・共感に沿って、人生を歩むよう努めます。

二十一　私は、新たな人生の始まりを確信します。

二十二　今日以降、私はブッダの教え子として生きていきます。

＊　＊　＊

では、それぞれの意義を現代日本の視点から考えてみよう。

一　世界の創造・維持・破壊の神を信じないということは、人生の主役は自分である、という宣言である。理不尽で非合理的な権威に、自分の人生を左右させない、という意志である。そしてそれは、「運命」を言い訳にしないという、自らへの諌めの言葉でもあろう。

三　日本では仏教と共に伝わって来た、さまざまなヒンドゥー教の神が祀られている。その一つひとつを挙げるのは本書の目的ではないが、日本の寺院に安置された像を思い浮かべれば、一般の読者にもピンと来るのではなかろうか。それらの神々は、人間の願望や畏れを象徴している、ともいえよう。
幸運を授けてくれるように祈る神、災いを払ってくれるように祈る神。だが、果たしてそれはブッダの教えに必要なものだったのだろうか。

七　ブッダの教えに反することとは、いかなることとか。読者諸氏には、先述の「三猿」を思い出してほしい。
アンベードカル博士の言葉を借りると、「学ぼう！　声をあげよう！　闘おう！」となる。

九並びに十　我々は「神の前でなくても」平等だ。それが自然というものである。しかし、ただそれを信じているだけで、現実社会の差別や抑圧をなくすことはできようか。

十八　知性とは「智」、慎みとは「戒」、共感は「悲」である。ここで日本人に説明が必要になるのは、戒であろう。戒の原語「シーラ」が意味するところは、自ら慎むこと（英語でいえばmodesty）である。

戒という言葉から多くの日本人がイメージするのは、たとえば、雪山に独りこもって厳しい戒律を守って修行をする、といった姿だろう。しかし、「シーラ」とは本来、相手あってこその自戒、人を思いやるがゆえの慎みなのだ。

二十一並びに二十二　現実は変えられる。新たな人生とは、他者が与えてくれるものではない。自らその可能性を確信し、現実に一歩踏み出した時から始まるのだ。

アンベードカル、そして親鸞

アンベードカル博士によってインドに復活した仏教。じつは、それとよく似た思想の持ち主が、国の違いを越え、歴史を遡った鎌倉時代の日本に存在した。

その人物は、親鸞（１１７３年〜１２６３年）。

彼はこう言った。

「念仏者は、無碍《むげ》の一道なり。そのいわれいかんとならば、信心の行者には、天神地祇《てんじんちぎ》も敬伏し、魔界外道も障碍《しょうげ》することなし。罪悪も業報を感ずることあたわず、諸善もおよぶことなきゆえに、無碍の一道なりと云々」（語録『歎異抄』第七条）。

親鸞聖人の時代、権力と結び付いていた仏教は、民衆の呻吟に耳を塞いでいた。それどころか、むしろ搾取と差別の走狗として、社会的弱者を組み伏せる役割であった。虐げられた人々は、天地の神々にひれ伏し、魔物や異形の脅威に怯えながら暮らしていた。生活のため手を汚さざるをえない罪悪感と、手の届かない非現実的なきれいごとを前に、ただ、うなだれて生きるしかなかった。

それが当たり前とされていた時代に、親鸞聖人は、

「仏教徒となった人間に、天神地祇はひれ伏す。魔界外道など手出しのしようもない」

と言い切ったのである。

この教えを、日本の宗派的枠組みを越えて解釈するなら、次のようになるだろうか。

「仏教徒が生きる道は、何物にも遮られることがない。なぜならば、叡智に到る道を歩む者には、奇蹟や神秘にすがる必要もなく、祟りや災いに怯えることもない。押し

付けられた価値観に縛られることもなく、見せかけの善行で身をつくろう必要もない。だから、何物にも遮られることがないのだ」

筆者はそのように拝受する。

わざわざ記すまでもないことだが、「絶対他力」を説いた親鸞聖人と、「自助・自立・自己尊重」を説いたアンベードカル博士の思想では、表面上はまったく異なる。その時代背景も、文化や風土も、まるっきり別物だ。「牽強付会」「無理なこじつけ」との批判は、当然あるだろう。

しかしそこには、ブッダから一直線に受け継がれた「慈悲に基づく反骨の意志」が、揺らぐことなく、たくましく息づいていたのではなかろうか。

親鸞聖人は主著『教行信証』信巻の中で、このようにも記していた。

「真の仏教徒とは？　真は、偽りの、仮の仏教徒に対する言葉である」

（言眞佛弟子者眞言對僞對假也）。

あとがきにかえて

私の母方には明治期、差別解放運動に取り組んだ小寺の住職がいたそうだ。

一八七一年の太政官布告、通称「解放令」に基づき、かねてより「あれは仏法に反する」と憤りを感じていた「新平民」の墓を他と隔てる境内の垣根を撤去したところ、それについて事前に相談しなかったことから檀家衆と対立。騒動の最中、たまたま失火により本堂が全焼した。ところが、再建費の喜捨には垣根の再築を絶対条件とする総代と相容れず、そのため彼は妻子を残し、勧進（募金）の旅に出た。

生まれつき直情漢だった彼は、行く先々でも熱心に勧進の趣旨を説いたようだ。とはいえ、なにぶん「穢僧（被差別階級と関わる僧侶）」といった言葉がまだ活きていた時代のこと、大概どこでも門前払いを受けたという。そして、さしたる成果も上げられぬまま十数年が過ぎ、あるとき子供が東京に出て来て暮らしていると聞いた彼は、ただ会いたい一心から居場所を探り出し、住まいを訪ねた。だが、子にしてみれば自分と母を残して出奔、家族と寺院を破壊した身勝手な父親である。積年の怨嗟と共に、激しく追い立てられた。

やがて、年老いたある日、小さな田舎町の安宿で大好物の「蕎麦がき」をかきながら、彼は意識を失った。発見された時は蕎麦がきの丼に顔を突っ込んだ状態であり、直接の死因は窒息のようだった。

以上は、すべて亡き母から聞かされた話で、客観性は無いに等しい。

しかし幼い私が恐る恐る想像した「安宿の破れ障子から射し込む仄明かりを背に、卓袱台に突っ伏して丼に顔を突っ込んだまま動かなくなっている老僧」の姿は、今も脳裡に焼き付いている。

それが、私の仏教の原点であるといえようか。

亡母七回忌の年に

高山龍智

日本在住のインド人仏教徒と共に（筆者中央）

反骨のブッダ

2018年1月16日　第1刷発行

著　者――高山龍智

発行人――山崎　優

発行所――コスモ21
〒171-0021　東京都豊島区西池袋2-39-6-8F
☎03（3988）3911
FAX03（3988）7062
URL http://www.cos21.com/

印刷・製本――中央精版印刷株式会社

定価はカバーに表示してあります。

ISBN978-4-87795-361-4 C0030